U0165937

物質

的基本組成

陳大為　陳大量　著

五南圖書出版公司 印行

推薦序

台北市建國中學　劉翔宇同學

　　我原以爲，高中化學科將會使我窒礙難行，不斷埋怨著，化學到底學來做什麼的？上了大爲老師的課之後，我才了解生活中的一切，都是化學。大爲老師的課程不僅幽默詼諧，更跳脱死板的課文知識，善用生活中的種種例子幫助我們建立觀念，因爲老師的認眞與細心，可以很快地察覺同學們感到疑問之處並加以解釋。

　　在化學這條黑暗的求學道路上，只有跟隨太陽神，就能找到前進的方向！相信這本書一定可以造福莘莘學子，爲你解開課業謎團，協助你奪得高分！

台北市中山女高　關綺瑩同學
104 年大學入學測驗自然科滿級分

　　理化對我來說並不是壓力，但也沒有非常喜歡，直到九下的總複習課程第一次見到大爲老師，原本心裡還嘀咕著爲甚麼要突然換老師，但大爲老師生動活潑的上課方式馬上吸引了我的注意力，還會不時拋出一些問題，很多都是我答不出來或是答錯的，當下真的有種「難道我化學其實很差」的感覺，偏偏老師又特別愛點我，整堂課下來只能用「如坐針氈」來形容，但上了幾次課後，我漸漸的能跟上老師的思考模式，也會試著去發問，得到很多意想不到的收穫。

　　托大爲老師的福，升上高中後的每次段考化學都名列前茅，跟隨老師的腳步，一年後的學測我不再徬徨。大爲老師，謝謝你！ Thank you、ありがとう、감사합니다、Danke ！

台北市中山女高　曾筱云同學

　　國二的你害怕「理化」這門科目嗎？至少我是的，而且是到了「非常」的地步！轉機就在升國三時遇見了大爲老師，他的課因爲多了和學生的互動而變得生動有趣，讓原本上了一天課筋疲力盡的我可以振奮起精神，在輕鬆愉悦的心情下學習。

　　每次上課都可以感受到大爲老師的用心，他將課程帶入生活中讓我們體驗「生活中的科學」，有不懂的地方，便用許多不同的説法並換個角度讓我「頓悟」並加強觀念，相對地，觀念正確了問題也就迎刃而解。大爲老師最常掛在嘴邊的一句話便是：「知識就是力量」，在這競爭的社會中想要更上層樓，就得靠不斷地累積知識來成就能力！

　　正所謂「書中自有黃金屋」，相信透過大爲老師的書，可以跟我一樣能夠從害怕到喜於探究，體會學習理化不需要死背，而是能夠快快樂樂透過理解，進而讓自己成爲理化達人！

自 序　擁有掌握國高中物理化學課程完美自信

　　十二年國教上路，課程也一貫化，國中理化與高中物理化學大綱雷同，僅有深淺繁複之分。

　　中學生要學到的物化內容，在國中時，所談到的內容廣泛而基礎，而在高中的基礎物化課程裡，就將國中課程內容的部分做較深入的探討，而比較專業且艱深的部分則放在高三選修課程裡，儘管如此，彼此間卻都有互相串連的重要關係。

　　在教學經驗中，發現有許多求知慾很高的國中同學，因本身程度好資質佳，想越級修習較高難度的課程，卻找不到程度適合的銜接教材；而高中同學普遍因為記憶力與理解力有限，對國中時已學習過的課程內容大多遺忘殆盡，想複習又不知從何做起。有鑑於此，本教學團隊將國、高中的物化課程統整起來，於民國 102 年陸續出版《中學生化學高分的關鍵秘笈》與《中學生物理高分的關鍵秘笈》系列書後，受到學生與家長的熱烈迴響，為更深入對各主題細項詳加探討，分別對物化各主題課綱分冊系列出書，以最精簡的用詞觀念，將國、高中的物化課程一貫合併，並完整地表達出中學一貫的物化課程各主題的內容。

　　本系列的特色，是把中學物理與化學各主題分冊說明：每冊分為若干章節，於每一章之前有導讀與學習概念圖，讓讀者閱讀前先有初步認識；主文有科普內容說明、詳細陳述國中與高中的學習深度分野（高中程度部分段末標明），並加上精選範例，範例講解除了有基本說明之外、還添加了作者在補教經驗上的特殊見解與解法，讓學生有耳目一新之感；章末還有學習重點與學習上容易犯錯等注意事項提醒，讓讀者學習完整個主題之後，有完美的統整結論。全系列完整而精緻

的設計，我們期待：國中學生看完這本書之後，會對高中相關課程產生高昂的興趣、而高中學生的讀者，則能將原本的學習斷層做好完整的修補，進而在未來大考奪得高分！

　　在補教界任教二十五年，雖說自教授國中理化起家，同時也在十五年前開始投入高中化學的教學工作，對於課程的瞭解自有一番深刻的體認。我常在國中課程的課堂上向學生補充高中相關課程，希望國中學生對未來有一番憧憬；也時常在教導高中課程中，對同學提醒國中時曾出現過的內容，期待學生能夠重新喚起記憶，讓學習上有承先啓後的愉快感！教育是一種傳承、一個使命！相信本系列書籍的問世，必能帶給所有同學擁有掌握國高中物化課程完美自信！

陳大為

太陽教育團隊執行長

於 104 年初在新北市〈太陽教學團隊〉總部

作者介紹

陳大爲老師

　　陳大爲老師，縱橫補教界 25 年，歷任台北大集美、儒林、立恆、高國華、林冠傑、華興、萬勝等各大補習班，每年教導上千位國、高中學生，爲目前全台最受肯定的理化補教名師。上課風格節奏明快、幽默詼諧、課程重點針針見血，抓題精準，最擅長將課程重點彙整列表圖示，並以日常生活實例融入理化課程中，深受學生好評與家長推薦，被學生喻爲「理化太陽神」。曾任中國時報《97 國中基測完全攻略密笈》乙書、「國三第八節」專欄理化科作者，現任太陽教育團隊執行長。著有《你也可以是理化達人》乙書、《國中理化一點都不難》、《圖解國中基測理化》、《大學學測必考的 22 個化學題型》、《中學生化學高分的關鍵秘笈》等工具書、《國中理化 TOP 講義》、《國高中理化太陽講義》進度與總複習系列等。

陳大量老師

　　陳大量老師，太陽教育團隊高中物理首席教師，歷任台北大集美補習班、立恆補習班、萬勝補習班、張正補習班、A+升學中心以及新竹聯合補習班等各大補習班高中物理與國中理化教師，有十餘年的教學經驗。堅持穩紮穩打的教學理念，有效地提升同學們獨立思考能力的教學風格，深獲學生肯定與支持。認識陳大量老師才能真正體會沒有學不會的物理，只有不會教的老師！著有《中學生物理高分的關鍵秘笈》、《高中物理太陽講義》等工具書與講義。

目　錄

第一章 物質的分類

本章導讀

物質與能量的分別在哪裡？

純物質與混合物要如何分別？

純物質與元素又該如何分別？

混合物內容均勻與否該如何判斷？

「溶液」只有液相嗎？

這些讓人相當頭痛的區別界定法，本章爲你一次說清楚。

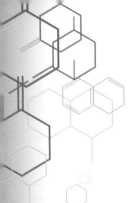

學習概念圖

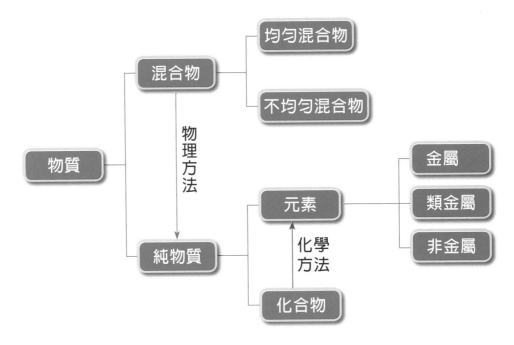

本書加 * 號處為高中程度應理解之內容。

每當我們望向天空、到海邊欣賞大海美麗景致、甚至到山上看見綿延千里的山稜線，第一個想法，就是感覺宇宙的偉大與自身的渺小。

的確，「大」與「小」是種對比。

我們存在的空間，稱為「宇宙」，宇宙中，充滿了「物質」與「能量」，物質組成了「物體」，而能量，可以讓物體或物質做「功」。

① 物質的定義

翔宇是我高中化學班的高材生，就讀台灣高中第一學府——建中——的他，腦中充滿了許多稀奇古怪的有趣事物。有一天翔宇問我：「老師，『物質』的定義是甚麼？如何與『物體』做界定？黃金、水、人類，哪些是物質？哪些又是物體？」

我笑著回答他：「拿一把刀子將東西劈開，名稱不會改變的，就是物質。比如說：黃金分成兩半，仍叫『黃金』，水分成兩杯，還是叫『水』；但是拿刀砍斷你的手，你的手就不能代表是你囉！」

物質的定義，除了「佔有空間、具有質量」之外，我們可以說「物質」，就是「組成物體的本質」。

一、物質與能量

「物質」與「能量」，在中學的觀念而言，「**佔有空間、具有質量**」與否，是兩者的差別。物質即為「**佔有空間、具有質量**」，能量則否：如「氧氣」、「黃金」、「水」、「空氣」等是為物質，而

▲自然界中，「物質」與「能量」是一體兩面

「光」、「聲音」、「熱」、「電」等是爲能量。

　　「物質」與「能量」雖可做區分，但兩者事實上是一體兩面的：物質含有能量（化學能、動能、位能等）、而能量作用於物質（加熱、照光、通電等），物質可以轉化成能量，能量可以造就物質（質能互換）。[*]

二、純物質與混合物

　　「純物質」又稱「純質」[*]，「混合物」是由純物質保有原本特性混合組成。要區分兩者，一般中學生大多只知道「**純物質具有固定的組成與性質，而混合物則否**」。其實，在課程內容中，純物質與混合物要區分總共有三種方式：

1. 是否具有固定的組成與性質。
2. 是否能以一般的物理方法分離之。
3. 成分中是否僅含一種分子（或晶體）。[*]

　　「是否具有固定的組成與性質」爲大多數中學生對純物質與混合物區別的普遍認知觀念。如「氧氣」是純物質（一定由2個氧原子構成）、「空氣」是混合物；「蔗糖」和「水」都是純物質（蔗糖是由12個碳、22個氫、11個氧原子所構成，而水是由2個氫與1個氧原子組成），混合之後的「糖水」就是混合物。又如純物質有固定的熔、沸點（如一大氣壓下，水的熔點爲0℃、沸點100℃），混合物則否。

tw.myblog.yahoo.com/wwb66ja

▲鉛筆的筆芯由石墨（碳元素）組成爲純物質

> **重要觀念建立 1-1**
>
> 下列何種液體在一大氣壓時，沒有固定的沸點？
>
> (A) 液態氨　(B) 92 無鉛汽油　(C) 酒精　(D) 重水　(E) 冰醋酸

解析

答案為B。

氨、酒精等是為化合物；

重水是氧與氫的同位素「氘」所化合的化合物；[*]

冰醋酸就是純醋酸，屬於化合物，化合物都屬於純物質。

92無鉛汽油是分餾[(註)]而得，是為混合物，性質不固定。

特色解析

所謂「固態」、「液態」、「氣態」等三相狀態說係針對**純物質**才有意義的說法，混合物在表面上雖有三相之分，但因為溶質狀態不一，所以描述三相意義不大，如「汽水」雖為液相混合物，但溶質二氧化碳卻是氣相。故本題「液態氨」顯然是氨化合物在液態狀態的說法。[*]

「酒精」為化合物「乙醇」的俗稱，意即自「酒」中提煉出來的「精華」，故「酒」為混合物，「酒精」為純物質；少數教師認為「無水酒精」才屬於純物質，此見解係屬無謂。[*]

（註）「分餾」是利用混合物中各物質沸點的不同，加熱而收集沸點較相近的成分。

一般常見的水化學名稱為「氧化氘（質量數為1）」，重水是氧與氫的同位素「氘（質量數為2，元素符號可寫成「D」）」所化合而成的化合物，化學式可寫為D_2O。[*]

含水量在1%以下的純醋酸於16°C左右就會凝固，俗稱「冰醋酸」，所以冰醋酸就是純醋酸的化合物，而化合物都屬於純物質。[*]

汽油是由原油分餾而得，是為混合物，性質不固定。至於數字「92」是代表汽油的「辛烷值」，數字越大表示抗爆震程度越好（詳見本系列「有機化合物」一冊）。

深入思考

1. 將金屬鈉投入「水」與「重水」中，反應有何不同？

   其實「水」與「重水」化學性質相同，兩者的差別在物理性質。

2. 常聽人說：「98 無鉛汽油比 95 無鉛汽油好，而 95 無鉛汽油又比 92 無鉛汽油好。」真的是這樣子嗎？

   其實油品的品質好壞跟爆震程度有沒有相關性呢？

   （請你自己想答案喔。）

物質的基本組成

6

課堂即時講解

又利用「溶解」、「過濾」、「蒸餾」、「傾析」、「離心」、「萃取」、「層析」[註]等物理方法也可以區分純物質與混合物。如「水」就無法利用上開方法將氫原子與氧原子分離出，但又如「糖水」，經過加熱蒸餾之後就可以將水蒸餾而出，其中的糖即會結晶。這些分離混合物的方法稱為「純化（purification）」。*

▲台南七股鹽山是粗鹽，粗鹽還需要純化

「粒子觀點」是比較深入的說法。「物質成分中是否僅含一種分子（或晶體）」也是另一種區別純物質與混合物的方法。如「水」成分中僅含有一種分子H_2O，但「糖水」即為糖分子與水分子兩種分子混合而成。

但是，日常生活中常見的許多物質，有的還是讓許多讀者在觀念上覺得相當模糊。以下讓我們舉例為大家詳加說明。

（註）「溶解」是利用混合物中各物質對水的溶解度不同而分離之；「過濾」是利用混合物中各物質顆粒大小不同而分離之；「蒸餾」是利用混合物中各物質沸點不同而分離出沸點較低的物質；「傾析」與「離心」都是利用水中各難溶物質比重不同而分離之；「萃取」利用物質在兩互不相溶之溶劑中溶解度不同，將物質由一相移入另一相；「層析」是利用水溶液中各成分對濾紙或矽膠等附著力不同而分析之。*

重要觀念建立 1-2

①18K 金　②玻璃　③碘酒　④黃銅　⑤汽水
⑥自來水　⑦重水　⑧貝殼　⑨冰糖　⑩白金
⑪乾冰　⑫酒精　⑬冰醋酸　⑭瓦斯　⑮麵粉
⑯金剛石　⑰奶油　⑱精鹽　⑲雙氧水　⑳汽油
㉑鹽酸

(1) 純物質爲何？
(2) 混合物爲何？
(3) 元素爲何？
(4) 化合物爲何？

解析

(1)純物質為7、9、10、11、12、13、16、18
(2)混合物為1、2、3、4、5、6、8、14、15、17、19、20、21
(3)元素為10、16
(4)化合物為7、9、11、12、13、18

①18K金：純金為24K，18K為混合物。
②玻璃：普通玻璃為成分主要有二氧化矽（SiO_2）等混合物。
③碘酒：碘與酒精的混合物。
④黃銅：鋅與銅的混合物。
⑤汽水：二氧化碳、糖、水等混合。
⑥自來水：天然水經過處理並添加許多消毒藥劑。

物質的基本組成

8

⑦重水：重水是氧與氫的同位素「氘」所化合的化合物。

⑧貝殼：主要成分為碳酸鈣的混合物。

⑨冰糖：純化的蔗糖，屬化合物。

⑩白金：金屬元素「鉑（Pt）」的俗名。

⑪乾冰：固態二氧化碳的俗名。

⑫酒精：化合物乙醇的俗名，與水的混合液稱為「酒」。

⑬冰醋酸：含水量在1%以下的純醋酸於16℃左右就會凝固，俗稱「冰醋酸」，所以冰醋酸就是純醋酸的這種化合物。

⑭瓦斯：許多氣態碳氫化合物的混合物。

⑮麵粉：小麥等製成的澱粉混合物。

⑯金剛石：就是鑽石，由碳元素組成。

⑰奶油：為牛奶中的油脂成分，屬混合物。

⑱精鹽：純化之後的鹽，化合物。

⑲雙氧水：過氧化氫的水溶液，混合物。【易誤認為純物質】*

⑳汽油：許多液態碳氫化合物的混合物。

㉑鹽酸：氯化氫的水溶液，混合物。【易誤認為純物質】*

▲奶粉為混合物

①18K金：純金為24K，18K為重量百分濃度P% = (18/24)×100% = 75% 的混合物。

②玻璃：普通玻璃的成分主要有二氧化矽（SiO_2）、碳酸鈉（Na_2CO_3）、碳酸鉀（K_2CO_3，）、氧化鈣（CaO）等，且玻璃為「**液相**」混合物。[*]

⑨冰糖：純化的蔗糖，屬化合物。

純化的蔗糖 $C_{12}H_{22}O_{11}$ 有三種常見形式：「冰糖」、「砂糖」、「方糖」，三者為本質相同的「物質」（均為蔗糖），但為不同物體。

⑩白金：容易誤解為白銀與黃金的混合物；其實是金屬元素「鉑（Pt）」的俗名。

⑪乾冰：固態二氧化碳稱「乾冰」，氣態的二氧化碳就是「二氧化碳」，至於常態下液態的二氧化碳不存在，所以沒有俗名，但在特殊溫壓情形下仍有液態的二氧化碳存在[*]。

⑭瓦斯：許多氣態碳氫化合物的混合物。這些氣態碳氫化合物的含碳原子數為1至4個。

⑯金剛石：「金剛」在中文的意義為「堅硬不可摧毀」，在此為鑽石的另一俗名表示其硬度極高。

⑱精鹽：化學中，將不純的物質稱為「粗」，純化之後的物質稱為「精」，如「粗鹽、精鹽」、「粗銅、精銅」等。

⑳汽油：許多液態碳氫化合物的混合物。這些液態碳氫化合物的含碳原子數為5至18個。[*]

② 純物質

　　隔天，翔宇若有所思地說：「物質一定是『單一成分所組成的』嗎？」

　　我聽完之後沒有直接回答他，反倒又舉了一個問題問他：「『空氣』是物質嗎？那其中含有多少成份呢？」翔宇聽完拍了一下額頭，心想自己又搞錯了。

　　其實「物質」跟「純物質」不同喔！物質可分為「純物質」與「化合物」。純物質（pure substance）又稱「純質」[*]，具有固定的組成與性質，由單一分子或晶體所組成，無法以一般的物理方法分離其成分。

　　純物質尚可分為「元素（elements，又稱「單質」[*]）」與「化合物（chemical compound）」。元素與化合物有兩個方向可資區別：

1. 能否以一般的化學方法分離之。
2. 成分中所含原子種類。

　　所謂「一般的化學方法」，包括「加熱」、「照光」、「通電」，能以一般化學方法分離成分者為化合物，否則即為元素：

1. 加熱：碳酸鈣加熱後分解成氧化鈣與二氧化碳，故碳酸鈣為化合物。

　　　$CaCO_3 \rightarrow CaO + CO_2$

2. 照光：氧化汞照光後分解為汞金屬與氧氣，故氧化汞為化合物。

　　　$2HgO \rightarrow 2Hg + O_2$

3. 通電：水經電解之後產生氫氣與氧氣，故水為化合物。

　　　$2H_2O \rightarrow 2H_2 + O_2$

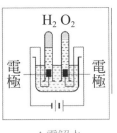

▲電解水

　　要分類元素與化合物也可以使用「粒子觀點」。元素成分中僅含一種原子，如氧氣（O_2）、臭氧（O_3）等[註]，均僅含氧（O）原子，故屬於元素；化合物則成分中含有多種原子，如二氧化碳（CO_2）中，含有碳原子（C）與氧原子（O），所以為化合物。

　　以上兩種區別元素與化合物的方法，一般中學生、特別是國中學生非常容易感到混淆，需要多思考才能夠熟練。

　　本節分類更詳細的內容，於第二章再予詳述。

▲元素與化合物的關係就像實體與倒影般地密切！

（註）相同元素組成的不同物質，稱為「同素異形體」，如鑽石與石墨、氧氣與臭氧、黃磷與赤磷、斜方硫與單斜硫等，均屬相同元素，此在第二章再詳述。

物質的基本組成

12

重要觀念建立 1-3

對元素和化合物之敘述，何項正確？

(A) 元素及化合物均為純物質

(B) 金與銅按一定比例熔合在一起形成之 K 金為化合物

(C) 化合物為兩種或兩種以上的元素，依任意比例混合而成

(D) 化合物仍然保有原來組成元素的特性

(E) 元素和化合物均不能以化學方法再分解。

 解析

答案選A。

(B)金與銅按一定比例熔合在一起形成之K金為合金，屬混合物。

(C)化合物為兩種或兩種以上的元素，依**固定比例化合**而成。

(D)化合物中其成分已無法保有原來組成元素的特性。如水H_2O，氫可燃、氧可助燃，而水卻不可燃也不助燃。

(E)元素不能以化學方法再分解，但化合物可以化學方法再分解。如碳酸鈣加熱後分解成氧化鈣與二氧化碳，$CaCO_3 \rightarrow CaO + CO_2$。

特色解析

(A)物質分為純物質與混合物，化合物包含有元素及化合物，元素可分為金屬元素與類金屬元素、非金屬元素等，化合物依分類方式不同而有所不同，如溶於水是否導電而分類，有電解質與非電解質（此在下一章詳加討論）。

(B)K金等合金均屬混合物，此也可以視為「固態溶液」。另外，**切勿因為**

有【一定比例】的字眼而誤解為化合物！

(C)化合物為兩種或兩種以上的元素，依**固定比例化合**而成，此為「定比定律」的要義。西元1799年，法國科學家普魯斯特（Joseph Proust）研究化合物的組成而提出「定比定律」。他認為：一個化合物，無論其來源或製備方法為何，其組成的元素間都有一定的質量比。如水的組成元素為氫和氧，且質量比恆為1：8，此與水的生成方式無關。[*]

(D)化合物中其成分已無法保有原來組成元素的特性，因為元素生成化合物已變為新物質，所謂新物質即與原來物質性質不同。

(E)元素不能以一般化學方法分解，但可以以核反應分解之，如 $^{235}_{92}U + {}^1_0n \rightarrow {}^{141}_{56}Ba + {}^{92}_{36}Kr + 3{}^1_0n$。

▲水為化合物，經電解後生成氫氣與氧氣

重要觀念建立 1-4
物質的分類方式如圖所示，
下列敘述何者正確？

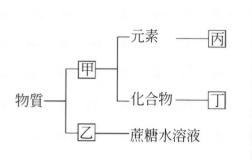

(A) 甲為混合物
(B) 乙為純物質
(C) 丙可能為臭氧
(D) 丁可能是鹽酸
(E) 採用物理方法可將丁變成丙。

解析

答案選C

(A)(B)圖中物質分為甲、乙兩種，甲仍可分為元素與化合物，故甲為「純物質」，而蔗糖水溶液所屬的乙則為混合物。

(C)(D)臭氧為氧元素，**鹽酸則為氯化氫水溶液（屬於混合物）【易錯誤之處！】**。[*]

(E)要將化合物分解為元素，需要以一般化學方法分解之，物理方法無法分解化合物。

課堂即時講解

特色解析

有關物質分類的樹狀圖是化學的經典圖形，你必須要觀念清楚才能成為化學的常勝軍！

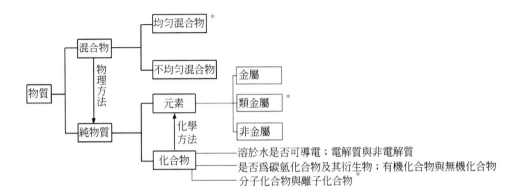

深入思考

1. 「鹽酸」與「雙氧水」是純物質或是混合物？

其實只要是「水溶液」，就是混合物。

2. 「均勻混合物」與「不均勻混合物」如何區分？

這件事就眼見為憑吧：就看你眼睛是否能在物質裡分辨出兩種或兩種以上物質。

（請你自己想答案喔。）

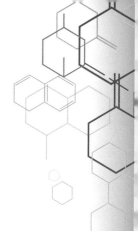

⟨3⟩ 混合物

「老師我知道了，含有兩種以上成分的物質，稱為『混合物』！」

「看樣子你還沒有完全理解喔，」我舉起手，準備要拍拍翔宇的額頭，說：「『水』含有氫原子與氧原子，難道不是兩種以上的成分組成的物質嗎？」

「真的耶，老師，我想到了！」翔宇敏捷地躲開我的手，說道：「『水』是屬於純物質的化合物，具有固定的比例與性質，如氫與氧的比例一定是2：1，如果是2：2就叫『過氧化氫』，就不是同一種物質喔；混合物不具有固定的比例與性質喔，就像1克糖加入一杯水、或2克糖加入另一杯水，這兩杯都稱為『糖水』。」

一、定義

混合物（mixture）是由兩種或兩種以上的純物質混合而成的化學物質（未經過化合程序），例如溶液、膠體、混濁液等。

1. 混合物的成分**無法直接以化學式表示**。

2. 無固定組成和性質。

3. 各成分保有其原來性質。

4. 各成分可用一般物理方法分離之。

二、分類

　　1. 依型態區分：[*]

　　　(1) 氣體混合物：如空氣。

　　　(2) 液體混合物：如海水、高粱酒、蘋果醋等。

▲醬油與醋屬於液體混合物

　　　(3) 固體混合物：如各類金屬合金。

　　2. 依均勻程度區分：[*]

　　　(1) 均勻混合物：如空氣、一般透明水溶液、合金等。

　　　　a. 狀態統一。

　　　　b. 透明且不發生沉澱，不具廷德爾效應^{（註）}。

　　　　c. 各成分之間無明顯界面。

物質的基本組成

（註）當一束光線透過膠體混合物時，自入射光的垂直方向可觀察到膠體中出現的
　　　一條光跡，這種現象叫廷德爾效應（Tyndall effect）。

(2) 不均勻混合物：如岩石、土石流等。

    a. 呈現不同狀態，有明顯界面（如油水混合液）。

    b. 某些不均勻混合物會明顯地發生沉澱現象。

▲霧可視為氣體混合物

前文提到「醬油」與「醋」是「液態混合物」，「霧」是為「氣態混合物」，那常見如「不鏽鋼」、「黃銅」、「鋁合金」等，是否就是屬於「固態混合物」？ （請你自己想答案喔。）

重要觀念建立 1-5

下表中，每一代號各有兩種物質，則所列出的鑑別方法何種可適當區別兩者？

代號	（甲）	（乙）	（丙）	（丁）
未知物	食鹽水溶液與純水	汽油與乙醇	金剛石與石墨	空氣與純氮氣
鑑別方法	過濾法	測其沸點	測其導電性	點燃蠟燭

解析

答案為乙、丙、丁。

（甲）食鹽水溶液為混合物、純水為純物質，應測其沸點鑑別。

（乙）汽油為混合物、乙醇為純物質，測沸點是極佳的鑑別方式。

（丙）金剛石為不良導體，石墨為良導體，導電性可為鑑別方式。

（丁）在空氣中點燃蠟燭可正常燃燒，但是氮氣不可燃也不助燃，故點燃的蠟燭會熄滅。

特色解析

混合物分類與性質在生活中相當常見，對於日常生活相關的事物可多深刻體驗。中學講授的常見鑑別方法例舉如下：

1. 過濾法：可分出大顆粒與小顆粒物質。
2. 沸點法：區分純物質與混合物的方式。純物質沸點固定，混合物則否。

3. 導電性：區分導體與不良導體或絕緣體的方式。

4. 燃燒法：區分可燃物、是否助燃或不可燃物。

5. pH法：區分酸與鹼。

6. 壓力法：常用於氣體分類。[*]

7. 辨色法：常用於有色物質的區分。

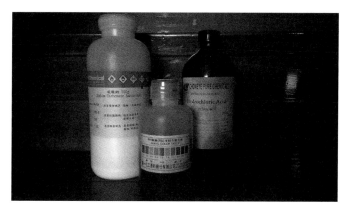

▲鹽酸、碳酸鈉、酚酞

三、溶液

溶液也可視爲混合物的另一種名稱。依均勻程度區分，均勻溶液稱爲「**眞溶液**」、「**懸浮液**」（如下圖胃乳）以及「**膠體溶液**」。下表爲三者比較：[*]

	眞溶液	懸浮液	膠體溶液 （**colloidal suspension**）
溶質大小	10^{-10}m （0.1nm）	$>10^{-7}$m	10^{-9}m ～ 10^{-7}m （1 ～ 100nm）
構成粒子	分子、離子	溶解度極小的顆粒	高分子、粒子聚集或離子吸附溶劑分子所構成的原子團，原子數目達 10^3 ～ 10^9 個
組成	溶質＋溶劑→溶液	不均勻組成	分散質＋分散媒→分散系
例子	糖水、空氣、酒、汽油、食鹽水	泥沙在水中	豆漿、牛奶、咖啡、雲、煙霧

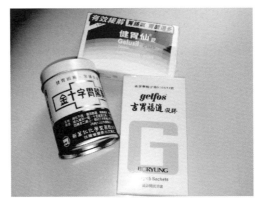

▲胃乳屬懸浮液

若依溶劑的種類分類，則可區分為**水溶液**（aqueous solution）、**非水溶液**（nonaqueous solution）：

1. 以水為溶劑所構成的溶液，稱為「水溶液」，常記下標為（aq），如 $HCl_{(aq)}$。

2. 其他不是以水為溶劑的溶液稱為「非水溶液」，常以其溶劑來稱呼，如酒精為溶劑的稱為酒精溶液，如碘酒。

▲海水，是一種複雜而迷人的混合物！

重要觀念建立 1-6

下列關於溶液的說法，哪一項是正確的？

(A) 屬混合物，無固定的熔、沸點

(B) 金屬可與金屬形成溶液，但金屬與非金屬不可形成溶液

(C) 一瓶溶液內各部分的組成性質都相同

(D) 飽和溶液一定是濃溶液

(E) 凡是無色、透明的液體都是溶液。

解 析

答案為A、C。

(A)溶液屬混合物，無固定的熔、沸點。

(B)金屬不但可與金屬形成溶液，且金屬與非金屬亦可形成溶液，如「鋼」
就是鐵與碳的合金。

(C)均勻溶液中，各部分的組成性質都相同。

(D)飽和溶液是否為濃溶液須視溶解度高低而定。

(E)純物質亦可能為無色透明之液體。

特色解析

(A)溶液是混合物的廣義解釋，所以溶液具有混合物特質。

(B)混合物可以以各種各樣的型式組合，不限於金屬與金屬或金屬與非金
屬。

(C)均勻溶液中，各部分的組成性質都相同，如濃度、密度等均相同。

(D)溶解度高低與否決定飽和溶液的濃度。影響溶解度因素如下：

(1)**本性**：受「同類互溶」的原則影響。如：四氯化碳、油脂易溶於苯、己烷中，卻難溶於水。另食鹽易溶於水，四氯化碳卻難溶於水。[*]

(2)**溫度**：

    a. 大部分的溶質，溶解過程為**吸熱**，故**溫度愈高，溶解度愈大**。

    b. 若溶解過程為**放熱**者，**溫度愈高溶解度愈小**，如Na_2SO_4、$CaSO_4$、$Ce_2(SO_4)_3$等。

    c. 氣體溶解度：氣體溶解時均為**放熱**，故氣體溶解度隨溫度上升而減少。

(3) **壓力**：

    a. 壓力對固體或液體的溶解度影響並不明顯，一般可忽略。

    b. 對氣體的溶解度影響極為顯著；定溫下，氣體的**壓力愈大，溶解度也就愈大**。

(E)溶液可能有顏色或不透明，須視其種類而定。

深入思考

上面提到有關影響溶解度的因素中，「本質」的因素裡，最主要是受到「同類互溶」的原則影響。所謂「同類互溶」，最主要是「極性物質」溶於「極性物質」，「非極性物質」溶於「非極性物質」。「極性」的意義你瞭解嗎？「非極性」物質裡是否存在「極性共價鍵」？（詳見本系列「化學鍵」一書內容）

（請你自己想答案喔。）

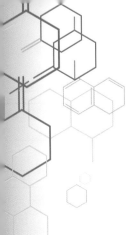

四、濃度計算

　　濃度為研究溶液成分的一個重要課程，以下為常見濃度表示法：

名稱／單位	定義	公式
重量百分率濃度（%）	一百克溶液中所含溶質的克數	$P\% = \dfrac{W_{溶質}}{W_{溶液}} \times 100\%$
體積百分率濃度（%）	一百毫升溶液中所含溶質的毫升數	$V\% = \dfrac{V_{溶質}}{V_{溶液}} \times 100\%$
體積莫耳濃度（M）	一升溶液中所含溶質的莫耳數	$C_M = \dfrac{n_{溶質}\ (mol)}{V_{溶液}\ (L)}$
重量莫耳濃度（m）*	一千克溶劑中所含溶質莫耳數	$C_m = \dfrac{n_{溶質}\ (mol)}{W_{溶劑}\ (kg)}$
莫耳分率*	溶質莫耳數占溶液總莫耳數的比例	$X = \dfrac{n_{溶質}}{n_{溶質} + n_{溶劑}}$
百萬分之一濃度（ppm）	百萬克溶液中所含溶質的克數	$ppm = \dfrac{溶質重}{溶液重} \times 10^6$ $1ppm \approx \dfrac{1mg_{\ (溶質)}}{L_{\ (溶液)}}$
十億分之一濃度（ppb）*	每 10^9 克溶液中所含溶質的克數	$ppb = \dfrac{溶質重}{溶液重} \times 10^9$ $1ppb = \dfrac{1g}{10^9g}$

一般濃度的表示為「重量百分濃度P%」，定義為「一百克溶液中所含溶質的克數」，計算公式為：

$$P\% = \frac{W_{溶質}}{W_{溶液}} \times 100\% 。$$

大家需要特別注意的是：**「溶液」易被直接誤植為「溶劑」！**如20克食鹽完全溶於100克水中，許多人列式直接就寫20/100，但是正解是20/100＋20，因為溶液為「溶質（食鹽）」與「溶劑（水）」的集合，此不可不慎！

有關其他濃度的內容如「體積莫耳濃度」、「溶解度」等，將於本系列其他書冊詳述，以下例舉重量百分濃度的進階計算與混合物互相混合之濃度計算。

▲膽結石—膽固醇結晶

硫酸銅晶體（$CuSO_4 \cdot 5H_2O$）50 克溶於 50 克水中，所形成之溶液中 $CuSO_4$ 的重量百分率濃度為若干 %？（$CuSO_4 = 160$）

解析

當含結晶水的化合物溶於水時，其<u>結晶水就成為溶劑的一部分</u>！【易錯誤之處】

$CuSO_4 \cdot 5H_2O = 160 + 5 \times 18 = 250$

原50g，含純硫酸銅$50 \times 160/250 = 32g$

溶液總重 $= 50 + 50 = 100g$

故P% $= (32/100) \times 100\% = 32\%$

特色解析

其實分項計算不是一個很好的方法，它讓概念不完整，且算式過於冗長，容易疏漏，所以，在此建議「一式列式計算法」，簡單明瞭。

$$P\% = \frac{50 \times \dfrac{160}{250}}{50 + 50} \times 100\% = 32\%$$

所謂「一式列式計算法」就是依計算定義列出式子，將式子裡需要的項目逐一填入，算式簡潔有力，且不會疏漏掉任何要項。

重要觀念建立 1-8[*]

欲將 25% 及 10% 之某水溶液混合得 15% 溶液，試求混合液中 25% 及 10% 兩溶液之質量比為何？

解 析

設A溶液占全溶液比例為A，B溶液占全溶液比例之(1 − A)

則A×25% + (1 − A)×10% = 15%

A = 1/3

則B = 2/3

∴A：B = 1：2

特色解析

觀念：混合後溶質的量具有加成性，溶質 = 溶液×濃度

故A×A% + B×B% = (A+B)×總%

由於只是算比例，大膽將兩者含量均設入未知數的一式列式計算法：

A×25%+B×10% = (A+B)×15%

∴A：B = 1：2

即時課堂講解

1. 「物質」與「能量」，在中學的觀念，兩者的差別為「佔有空間、具有質量」與否。

2. 要區分純物質與混合物共有三種方式：是否具有固定的組成與性質、是否能以一般的物理方法分離之、成分中是否僅含一種分子（或晶體）。

3. 元素與化合物有兩個方向可資區別：能否以一般的化學方法分離之、成分中所含原子種類。所謂「一般的化學方法」，包括「加熱」、「照光」、「通電」。

4. 混合物是由兩種或兩種以上的純物質混合而成的化學物質（未經過化合程序），無固定組成和性質，各成分保有其原來性質且無法直接以化學式表示，可用一般物理方法分離之。

5. 溶液也可視為混合物的另一種名稱。

學習上易犯錯的地方與注意事項

1. 混合物的組成不固定,並非指成分不均勻。

2. 常見如「白金」、「白銀」、「水銀」等元素易被誤認為是混合物,而「玻璃」、「鹽酸」、「雙氧水」等混合物易被誤認為是純物質。

3. 溶液為混合物,不一定為液相,合金即屬固相溶液。

4. 重量百分濃度計算,為「一百克溶液中所含溶質的克數」,其中的「溶液」易被誤認為「溶劑」。

5. 當含結晶水的化合物溶於水時,其結晶水就成為溶劑的一部分!

趣味故事——
汽水愈冰愈好喝?

第二章　純物質的世界

本章導讀

何謂純物質？均勻的物質就是純物質嗎？

元素的種類真的只有金屬元素與非金屬元素兩種嗎？

化合物該如何區分？

電解質與非電解質是以可否導電來判斷嗎？

有機化合物與無機化合物是以是否含碳來判斷嗎？

又化學物質如何表示？中文如何稱呼？

許多似是而非的觀念，本章一起告訴你！

學習概念圖

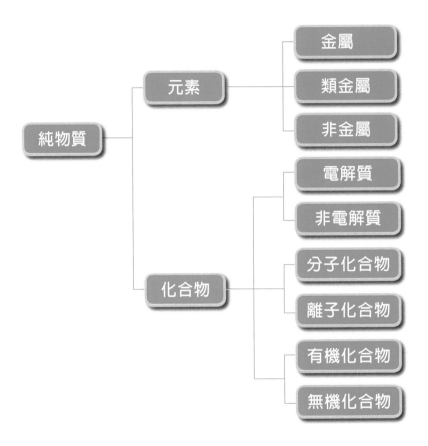

本書加＊號處為高中程度應理解之內容。

大的東西無遠弗屆，那小的呢？看起來唾手可得，卻又感覺不到、觀察不著！古代科學家們，有的人專注於研究浩瀚無垠的大宇宙邊際，但有更多人傾畢生之力鑽研「小」的事物。

「元素」，這名詞代表的就是「物質最基本」，除了化學界，各行各業也都引用這個名詞來表示他們的「最基本」，就像前幾天，我聽見了一位室內裝潢設計師這樣子說：「我今天的設計主題，就是引用了地中海風格的『元素』！」

① 化學元素

就讀台北市中山女高的綺瑩同學也是我高中化學班的高材生，她聽見我和翔宇對話已經很久了，忍不住插嘴：「『金』裡面只含一種元素，『水』卻是含兩種元素，可是都屬於『純物質』。」

翔宇也接話：「是呀，『純物質』與『混合物』的確不難區分，但是有時候我還會以為『元素』才是屬於『純物質』呢！」

面對兩位高材生，身為老師的人一定要思緒清楚：「所以在化學界，有人把『純物質』稱為『純質』，而『元素』則稱為『單質』，我個人是覺得這樣子的稱呼是清楚許多了！」

大家沉默了一下，似乎還在消化我剛剛說的話。不一會兒，綺瑩又問：「那『金屬元素』與『非金屬元素』如何界定呢？」

「這簡單，」翔宇幫我解釋，「雖然有例外，但原則上是依據『導電性』來區分喔。」

「沒錯，的確是如此，可是後來又發現有的元素導電性介於金屬元素與非金屬元素之間，所以我們又將它們規類成『類金屬』的另一類……」

我話還沒說完，沒想到綺瑩打斷我的話，「老師，我知道『石墨』是

可以導電的非金屬，但是跟石墨一樣是碳元素所組成的『鑽石』，導電性卻很差，這又該如何解釋呢？」

化學元素（Chemical element）指的是自然界中基本的金屬和非金屬物質，目前已知一百多種：

1. 它們只由一種原子組成。
2. 用一般的化學方法不能使之分解。

目前被發現的元素中，原子序大於83者具放射性；原子序大於92者均為人造元素的超鈾元素。元素分類有許多方式，最常見的分類就是以導電的難易度（不是絕對），區分為「金屬元素」（最多）、「非金屬元素」與「類金屬元素」（最少）*三種，不過一般最常見的分類法還是只有「金屬元素」與「非金屬元素」。

元素的符號以拉丁文第一個字母大寫表示（如C），若有重複則以其他字母小寫於後（如Ca）。而中文命名原則以習慣稱呼（如金）、元素意義（如氫）或音譯（如鈉）。且金屬元素固態者金部（如鐵）、液態者水部（如汞）；非金屬元素則固態者石部（如碳）、液態者水部（如溴）、氣態者气部（如氧）。

▲黃金爲金屬元素

金屬元素與非金屬元素的通性比較，略整理如下表：

項　目	金屬元素	非金屬元素
種類	較多（約非金屬元素4倍）	較少
顏色	大多為銀白色並具金屬光澤，但以下例外： Au- 黃色 Cu- 紅色 W- 黑色	多樣化，如： F_2- 淡黃；Cl_2- 黃綠；Br_2- 暗紅；I_2- 紫黑；C- 黑（石墨）亦有透明（鑽石）；S- 黃色；P- 淡黃色（黃或白磷）亦有暗紅（紅或赤磷）；O_2- 無色
延展性	佳，Au 最佳	不佳
導電導熱性	良導體， Ag 最佳，Cu 次之。	一般為不良導體，但石墨（C）**可導電除外**
硬度	小	大，**鑽石（C）硬度最大**
熔沸點	較高。 最高為 W、最低為 Hg	較低
常態	絕大多數為固態，Hg 唯一液態，無氣態	三態均存在 氣態如 O_2、H_2、N_2 等 **液態唯一：Br_2** 固態如 C、S、P 等
氧化物溶於水的酸鹼性	大多鹼性， 如 NaOH（氫氧化鈉）	酸性， 如 H_2SO_3（亞硫酸）
形成離子之電性	陽離子	大多為陰離子 但少數為陽離子，如 H^+

重要觀念建立 2-1

有關金屬元素及非金屬元素的特性，哪一項敘述正確？

(A) 常溫常壓下，金屬元素都以固態存在

(B) 固體非金屬元素都不具延展性

(C) 固體金屬元素都呈銀灰色，新切開金屬表面具有光澤

(D) 金屬元素都能導電，非金屬元素都不能導電

解 析

答案為B。

(A)常溫常壓下，金屬元素大多以固態存在，但**唯一汞為液態**例外。

(B)**延展性**是金屬元素與非金屬元素的區別。**非金屬元素都不具延展性！**

(C)大多數金屬元素都呈銀灰色，但**金為黃色、銅為紅色、鎢為黑色**例外。

(D)金屬元素都能導電，非金屬元素大多不能導電，**石墨可以導電是唯一例外**。

特色解析

(A)常溫常壓下，汞是唯一液態金屬。有些書認為銫（Cs）與鎵（Ga）亦為液態金屬，但是常溫為25℃，銫的熔點為28℃，鎵的熔點為29.8℃，歸為液態金屬實不妥當；再以中文命名規則論，液態金屬應屬「水部」，而銫與鎵均為固態金屬的「金部」，故銫與鎵應歸類為固態金屬無誤。

(B)一般認為金屬元素與非金屬元素的區別應為**導電性**，但卻有石墨例外。綜觀所有區別特性中，**延展性**是唯一完全界定金屬元素與非金屬元素區

別無例外的特性。

(C)「銀白」與「銀灰」差別在於「光澤」。大多數金屬元素表面應呈具金屬光澤的「銀白色」，有些書載出金屬呈銀灰色通常是經氧化後失去光澤的表面。

(D)石墨是可以導電的唯一非金屬，但並非碳元素都可以導電，在所有碳元素的同素異形體中，只有石墨可以導電，其他如鑽石等並不能導電。

▲九份地區曾為台灣金礦、銅礦重要產地

　　本範圍對於各種元素的通性，如最高、最低、唯一、例外的情形是常見的重要觀念！

一、金屬元素

　　金屬元素的特性：

1. 具有金屬光澤。

2. 富有**延展性**。

3. 容易導電、傳熱。但當**溫度越高時，電阻將會變大**。【此與類金屬不同】*

4. 在化合物中通常帶**正價電**。

5. 金屬分子之間的連結是金屬鍵。*

　　自由電子是金屬元素的特殊結構，它讓金屬具有光澤、富有延展性、容易導電、利於傳熱，並可在整個晶體中自由移動。*

　　常見的金屬元素分述如下：

1. 鐵（Fe）：使用多以合金形式，合金含碳量：生鐵 > 鋼 > 熟鐵；另如不鏽鋼就是鋼、鎳、鉻的合金。而電話卡、磁卡、錄影帶、錄音帶上會塗上一層鐵的氧化物。

2. 鋁（Al）：**地殼中最多的金屬元素（地殼中元素含量第三）**。易與氧氣反應，但表面的氧化物緻密而不易脫落，故可保護內部。鋁的密度小，且堅硬，是製造飛機的理想材料。

3. 銅（Cu）：因價格便宜且導電性良好，故常用於製造導線、電器等與電有關的工業製品。常見的合金有黃銅（銅、鋅的合金）與青銅（銅、錫的合金）。

4. 銀（Ag）：**是導電性與導熱性最好的金屬**。銀粉和汞的合金（銀汞齊），可用來修補牙齒。照相底片和印相紙的感光材料也含有銀的化合物（溴化銀）。銀若遇上硫化氫氣體會使之生成黑色斑點（硫化銀）。

5. 金（Au）：**延展性最好，活性最小的金屬**。常用於電子工業，作為抗腐蝕的導線。

6. 汞（Hg）：俗稱水銀，可作溫度計及氣壓計的材料，日光燈管內也含有微量的汞蒸氣，也是水銀電池的材料。汞有毒性，故含有汞的物質不可隨意拋棄，若不慎灑出時可灑些鋅粉或硫粉，使其與汞作用後，再以真空法吸取。

7. 鎢（W）：**堅硬，是金屬元素中熔點最高的元素**（3410℃）。因堅硬不易熔化，可作電燈泡的燈絲。碳化鎢非常堅硬可作成鑽孔、切割、研磨的工具。

8. 鈦（Ti）：質輕耐腐蝕，為航太科技首用，近年來運用於記憶合金、人工關節的使用。

深入思考

「鎢」雖然是金屬元素中熔點最高者，但是自然界中所有元素熔點最高者是否就是鎢呢？

石墨或鑽石好像熔點也很高呢。

（請你自己想答案喔。）

重要觀念建立 2-2

下列有關金屬元素的性質與功用，何者敘述正確？

(A) 延性及展性最好的金屬是銀

(B) 錄音帶、錄影帶上塗佈的是鐵的氧化物

(C) 熔點最高的金屬是白金

(D) 化合物可做感光材料的是金

解析

答案為B。

(A)延性及展性最好的金屬是**金**。

(B)錄音帶、錄影帶上塗佈的確是鐵的氧化物。

(C)熔點最高的金屬是**鎢**。

(D)化合物可做感光材料的是**銀的鹵化物**。

特色解析

(A)金是延展性最佳的金屬。1g金可以製成1m²的金箔片，因延展性非常好，黃金可以打成金箔，用於塑像、建築、工藝品的貼金；也可以製成化妝品增加色澤亮度。古代傳說的金縷衣，就是利用金的延展性做成金線，將玉片串起製成貴族的壽衣。

(B)錄音原理是利用氧化鐵等磁性物質被進行磁化的現象。當聲音信號電流通過環形錄音磁頭，在磁頭處就會形成磁場。當磁帶以均勻速率通過磁場時，磁帶上就會留下紀錄。而錄有聲音信號的磁性紀錄以與錄音時相同的速率通過有環形放音磁頭，此時記錄在磁性物質上的紀錄就會感應

出相應的訊息，經放大後重放出原來的聲音。

(C)熔點最高的**金屬**是**鎢**（3410℃），但熔點最高的元素卻是石墨（3675℃）。

(D)常見的感光材料有氯化銀、溴化銀等。

金屬通性與各金屬的個別較特殊的性質生活中很常見，值得注意！

▲照片底片內含感光溴化銀（AgBr）

趣味文章——
變色眼鏡

二、非金屬元素

非金屬元素在所有的化學元素中佔了22種。在週期表中，除氫以外，其他非金屬元素都排在表的右側和右上側。室溫下多為氣體，而**溴為唯一液體非金屬元素**。非金屬元素的固體表面沒有光澤，顏色多樣化，例如碳是黑色的，而硫是黃色的。非金屬的硬度有明顯的差別，如硫很軟，但**鑽石（碳的一種同素異形體）卻是所有元素中最硬的元素**。易碎、是電與熱的不良導體（石墨為良導體除外）。

常見的非金屬元素如下：

1. 碳（C）：石墨、鑽石、活性炭都是碳元素構成的，稱為**同素異形體**。
   (1) 石墨：呈黑色，俗稱黑鉛，是可導電的非金屬元素，可作乾電池的正極。
   (2) 鑽石：是最堅硬的物質。
   (3) 活性炭：它具有許多的小孔，可吸附水中及空氣中的部分雜質。
2. 矽（Si）：電晶體中最主要成分元素，玻璃及砂石中也含有氧和矽的化合物，而地殼中元素的含量多寡次序是氧最多，其次是矽（固態元素最多）。

▲陽明山火山群為硫磺重要產地

3. 硫（S）：黃色固體，可製造硫酸及火藥。

重要觀念建立 2-3

水與下列何種物質作用所生成的化合物會呈酸性？

(A) 鈉　(B) 鋁　(C) 三氧化硫　(D) 氧化鉀。

解 析

答案為C。

非金屬氧化物溶於水會呈酸性，

本題三氧化硫為硫的氧化物，溶於水即為硫酸，屬於強酸，水溶液呈酸性。

特色解析

金屬氧化物溶於水通常呈鹼性（鹼金族、鹼土族屬之），若難溶於水則呈中性（如氧化鐵、氧化銅等）；非金屬氧化物溶於水會呈酸性。

另外有所謂的「兩性金屬」如錫、鈹、鉻、鋁、鉛、鋅、鎵等，其特徵為它們的氫氧化物難溶於水，但是卻可以溶於「強酸」和「強鹼」（酸鹼兩性）。記憶口訣可取其諧音：「嬉皮哥屢遷新家」。[*]

講堂即時講解

三、類金屬元素 *

　　特性介於金屬與非金屬之間的元素，稱為**類金屬**，計有**硼、矽、鍺、砷、銻、碲和釙**等7種元素，在週期表中介於金屬元素與非金屬元素之間呈**階梯狀排列**。

　　分類依據最主要是與**導電性**有關，類金屬的導電特性如下：

1. 導電性介於金屬與非金屬之間，通常可作為**半導體**（semiconductor）。
2. 溫度越高導電性增加（與**金屬性相反**）。
3. 加入微量雜質導電性劇增（與**金屬性相反**）。

　　以上導電特性可用「金屬的能量帶理論」^{（註）}說明：類金屬元素的傳導帶與價帶間之能量間隔小，只要供給相當少量的能量去激發電子使其由填滿的價帶至空的傳導帶，即可導電。如此，即可供給更多的能量至價電子，以便由價帶至傳導帶，故導電度隨溫度升高而升高。

　　類金屬元素最常考的題目就是導電性與金屬元素的差異性，另外也常拿「兩性金屬」來混淆學生，請務必注意各項定義。

（註）金屬能量帶理論的主要內容：金屬原子結合成晶體時，低能量的原子軌域由於在內層，並不會受到很大的干擾，但其外層高能量的原子軌域（如 Na 的 3s 軌域），則會受到鄰近原子的干擾而構成一種能量帶。被價電子所佔有的能量帶稱為「價帶（valance band）」，未被價電子所佔有的能量帶稱做「傳導帶（conduction band）」，傳導帶的能階較價帶高，只有在傳導帶的電子才可隨外加電場而移動。

　　另上文提到有關「軌域」，將於後第三章討論。

重要觀念建立 2-4

關於類金屬敘述，何者錯誤？

(A) 在週期表中呈階梯狀的排列；

(B) 總共有 B、Si、Ge、As、Sb、Te 及 Po 等七個元素；

(C) 性質介於金屬和非金屬之間；

(D) 導電性隨溫度之增高而下降；

(E) 導電性常因含有微量的雜質而劇增。

 解析

答案為D。

(A)類金屬元素在週期表中呈階梯狀的排列。

(B)類金屬元素總共有B、Si、Ge、As、Sb、Te及Po等七個元素。

(C)因為性質介於金屬和非金屬之間故稱類金屬。

(D)類金屬元素導電性隨溫度之增高而**上升**。

(E)類金屬元素導電性的確常因含有微量的雜質而劇增。

▲電腦的主機板也含有半導體元素

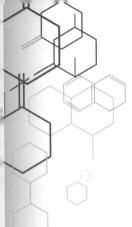

特色解析

(A)類金屬元素在週期表中呈階梯狀的排列：

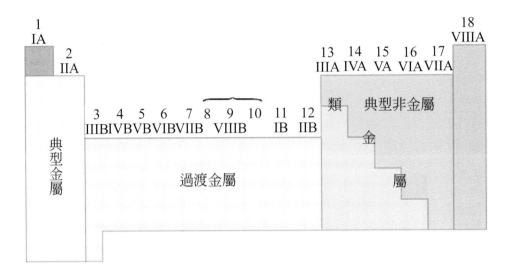

(B)類金屬元素總共有B、Si、Ge、As、Sb、Te及Po等七個元素。

(C)類金屬元素**導電性**介於金屬和非金屬之間。

(D)類金屬元素導電性隨溫度之增高而**上升，此與金屬元素截然不同！**

(E)類金屬元素導電性常因含有微量的雜質（如滲有B之Si）而劇增。

四、同素異形體

　　同素異形體是指由同一種化學元素構成，但組成卻不相同的**純物質**，不論在物理性質與化學性質上都有明顯的差異。例如紅磷和白磷為磷的兩種同素異形體，它們的燃點分別是240和40攝氏度，而白磷（P_4）有劇毒，可溶於二硫化碳，紅磷（P_n）無毒，卻不溶於二硫化碳[*]。同素異形體之間在一定條件下可以相互轉化，這種轉化屬於化學變化。

　　最常見的同素異形體除上列的紅磷與白磷外，還有碳的石墨、金剛石以及C_{60}（又稱芙、富勒烯或巴克球），還有硫的同素異形體斜方硫（S_8）、單斜硫和彈性硫（S_n）[*]；另外，臭氧和氧氣也是氧元素的兩種同素異形體。

　　讀者最常見的就是分不清楚「同位素」、「同素異形體」與「同分異構物」的差異。簡單地說，「同位素」討論層級僅在原子核內部、「同素異形體」是與元素相關，而「同分異構物」就牽涉到化合物分子結構。詳細內容有關「同位素」的部分將於下一章討論，「同分異構物」將於下一節討論。

▲石墨與鑽石同為碳的同素異形體

重要觀念建立 2-5

下列選項何組為「同素異形體」？

(A) 氧氣與臭氧

(B) 氕與氘

(C) 乙醇與甲醚

(D) 葡萄糖與澱粉。

解析

答案為A。

(A)氧氣與臭氧互為同素異形體。

(B)氕與氘互為同位素。

(C)乙醇與甲醚互為同分異構物。

(D)葡萄糖與澱粉互為單體與聚合物的關係（此於本系列書另冊「有機化合物」中討論）。

特色解析

氧氣與臭氧互為同素異形體。注意：它們屬於**相同元素**！

以「粒子觀點」解釋：「同位素」討論層級僅為原子內部結構，如氕與氘互為同位素，差別只在中子數不同；「同素異形體」層級大了一點，是為元素的分子結構，如本題的氧氣與臭氧就是互為同素異形體；另外，「同分異構物」的討論層級則達到了化合物的分子結構，如本題的乙醇與甲醚就是互為同分異構物。

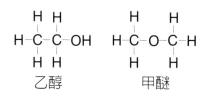

乙醇　　　　　甲醚

葡萄糖與澱粉互為單體與聚合物的關係，單體為組成聚合物的基本單元，常見的天然聚合物的單體，有「蛋白質」之於「胺基酸」、「橡膠」之於「異戊二烯」*等。

小補充

同位素

同種原子，差別在於「質量數」不同。分類等級為「原子結構」。

同素異形體

同種元素，差別在於「組成方式與原子數不同」。分類等級為「元素分子」。

同分異構物

分子式相同的化合物，差別在於「組成方式不同」。分類等級為「化合物分子」。

2 化合物

『啊，物質分類真令人頭痛！』綺瑩搖了搖頭。

我本來還想跟大家解釋化合物的分類，可是看見綺瑩反應，於是在黑板上畫了一個樹狀圖。「其實，分類，就是要讓大家弄清楚事物的起源規類，有時候雖然看似複雜，其實卻讓我們更有脈絡可循。」

一、分類依據

化合物的分類最主要有三大型式：電解質與非電解質、有機化合物與無機化合物、分子化合物與離子化合物[*]。

二、電解質與非電解質 [註]

此種化合物的分類依據為：溶於水之後是否可導電。溶於水可以導電的化合物為電解質，否則為**非電解質**。常見會弄錯為電解質的非電解質為葡萄糖與酒精。

(註) 此於本系列「酸鹼鹽」一冊中詳予討論。

三、有機化合物與無機化合物 ^(註)

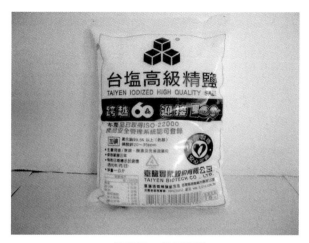

▲精鹽是一種電解質

　　此種化合物的分類依據為：是否為碳氫化合物及其衍生物[*]。易讓讀者誤解為有機化合物的分類法為碳原子的有無，雖然有機化合物均含有C，但**如C本身、CO、CO$_2$、碳酸鹽類、氰化物、硫化碳、碳化鈣**等，成分中雖含碳原子，卻非屬有機化合物。另外會讓讀者誤解的是氫原子的有無，氫原子其實並非是有機化合物的必要元素，如CCl$_4$雖不含氫原子，卻屬於有機化合物。

（註）此於本系列「有機化合物」一冊中詳予討論。

四、分子化合物與離子化合物 (註) *

　　化合物的分類也可分為**分子化合物**和**離子化合物**，兩者主要是**物理性質**有較大的差異。

　　分子化合物的結構均由非金屬原子所組成，其沸點較低，常溫下可能是液體、固體或是氣體，如水、一氧化碳、葡萄糖等都是分子化合物。

　　離子化合物是由金屬陽離子（或銨根離子）及非金屬陰離子（或酸根、氫氧根離子）所結合形成的，如氯化鈉即為離子化合物。離子化合物的特性：沒有展性、固體時會形成晶體、高沸點及熔點、只有在液態（熔融）或水溶液中才會導電等特性。

深 入 思 考

「離子化合物」因為會形成離子，所以為電解質，但是電解質一定是離子化合物嗎？

分子化合物如「HCl」或「CH_3COOH」等也會解離呢。

（請你自己想答案喔。）

（註）此於本系列「化學反應」一冊中詳予討論。

重要觀念建立 2-6

下列組合，何者屬「電解質與非電解質」？

(A) 氯化鈉與金屬鈉

(B) 氫氧化鈉與乙醇

(C) 二氧化碳與四氯化碳

(D) 葡萄糖與澱粉。

 解 析

答案為A、B、C。

(A)氯化鈉屬之，金屬鈉非化合物不合。

(B)氫氧化鈉屬之，乙醇溶於水不能導電不合。

(C)二氧化碳屬之，四氯化碳溶於水不能導電不合。

(D)葡萄糖與澱粉溶於水都不能導電。

特色解析

(A)電解質定義為：溶於水可以導電的化合物。金屬鈉溶於水與水反應後生
成的氫氧化鈉雖屬電解質，但金屬鈉為元素，依定義不能歸類為電解
質。

(B)氫氧化鈉的化學式「NaOH」中的「OH」，最喜歡拿來與乙醇
「C_2H_5OH」的「OH」來討論。要知道：「NaOH」中的「OH」是為氫
氧「根」，而乙醇「C_2H_5OH」的「OH」是為氫氧「基」。
「根」會解離帶電，「基」不會解離帶電，這是最明顯的區別。[*]

常見易混淆的根與基		
原子團	根	官能基
OH	OH^- 氫氧根	—OH 氫氧基
COOH	COO^- 羧酸根	—COOH 羧基
NO_2	NO_2^- 亞硝酸根	—NO_2 硝基

(C)電解質定義為：溶於水可以導電的化合物。二氧化碳是化合物，溶於水也會導電，依定義當然是為電解質。

小 補 充

OH 原子團

在 NaOH，此「OH」稱「氫氧根」。NaOH 溶於水可解離為 Na^+ 與 OH^-。

在 CH_3OH，此「OH」稱「氫氧基」。CH_3OH 溶於水不可解離，但具有 OH 基的化合物具有相似特性。

原子團區分課堂講解

五、同分異構物（isomer）

　　同分異構物指的是擁有相同分子式，但結構式卻不相同的化合物分子。同分異構物之間並不擁有相同的化學性質，化學中常見的兩種主要的種類為**結構異構物**（structural isomerism）以及**幾何異構物**（stereo isomerism）[*]。本書主要介紹結構異構物與順反異構物。

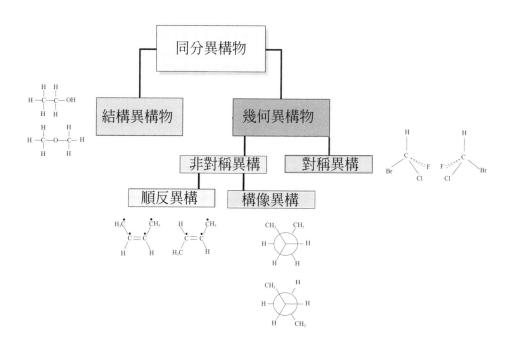

1. 結構異構物：在構型異構中，原子或官能團以不同的形式互相連接，意即連接結構不同。如：乙醇與甲醚，分子式同為C_2H_6O，但結構式分別如下：

$$\begin{array}{cc} \underset{\substack{|\\H}}{\overset{\substack{H\ \ \ H\\|\ \ \ |}}{H-C-C-OH}} & \underset{\substack{|\\H\ \ \ \ \ H}}{\overset{\substack{H\ \ \ \ \ H\\|\ \ \ \ \ |}}{H-C-O-C-H}} \\ \text{乙醇} & \text{甲醚} \end{array}$$

在有機化合物中，同碳數的「醇」與「醚」、「醛」與「酮」、「有機酸」與「酯」等，互為結構異構物。

2. 順反異構物[*]：不能透過化學鍵的旋轉而互相轉化，常見如烯類碳碳雙鍵等不可旋轉。如順丁烯二酸與反丁烯二酸（同側為「順」，異側為「反」）。

$$\begin{array}{cc} \underset{\substack{H\ \ \ \ \ \ \ \ \ \ H}}{\overset{\substack{HOOC\ \ \ \ \ \ \ COOH}}{C=C}} & \underset{\substack{H\ \ \ \ \ \ \ \ \ \ COOH}}{\overset{\substack{HOOC\ \ \ \ \ \ \ H}}{C=C}} \\ \text{順丁烯二酸} & \text{反丁烯二酸} \end{array}$$

另外如下圖，需 a ≠ b 且 c ≠ d，才有順反異構物。

$$\underset{\substack{b\ \ \ \ \ \ \ \ \ \ d}}{\overset{\substack{a\ \ \ \ \ \ \ \ \ \ c}}{C=C}}$$

重要觀念建立 2-7[*]

下列各對化合物中,何對是結構異構物?

(A)$CH_3CH_2CH_2CH_3$ 和 $\begin{matrix} CH_2-CH_2 \\ | \qquad | \\ CH_2-CH_2 \end{matrix}$

(B) $\begin{matrix} H \\ \diagdown \\ H \end{matrix} C=C \begin{matrix} CH_3 \\ \diagup \\ \diagdown \\ Br \end{matrix}$ 和 $\begin{matrix} H \\ \diagdown \\ H \end{matrix} C=C \begin{matrix} Br \\ \diagup \\ \diagdown \\ CH_3 \end{matrix}$

(C)$CH_3CH_2CH_2CH_2CH_3$ 和 $\begin{matrix} \quad CH_3 \\ \quad | \\ H_3C-C-CH_3 \\ \quad | \\ \quad CH_3 \end{matrix}$

(D) $\begin{matrix} H \\ | \\ Br-C-Cl \\ | \\ H \end{matrix}$ 和 $\begin{matrix} H \\ | \\ Cl-C-Br \\ | \\ H \end{matrix}$ 。

解析

答案為C。

(A)並非異構物。

(B)屬同一種化合物。

(C)屬結構異構物。

(D)屬同一種化合物。

特色解析

(A)$CH_3CH_2CH_2CH_3$為正丁烷,分子式為C_4H_{10},而 $\begin{matrix} CH_2-CH_2 \\ | \qquad | \\ CH_2-CH_2 \end{matrix}$ 為環丁烷,分

子式為C_4H_8,兩者分子式不相同,不是結構異構物。

(B)順反異構物判別式：

$$\underset{b}{\overset{a}{\diagdown}}C=C\underset{d}{\overset{c}{\diagup}}$$ 需a≠b且c≠d

因a = b，兩種結構式代表同一化合物，不是結構異構物，也不是幾何異構物。

(C)$CH_3CH_2CH_2CH_2CH_3$為正戊烷，分子式C_5H_{12}，而$(CH_3)_4C$為新戊烷，分子式亦為C_5H_{12}，故兩者屬於結構異構物。

補充C數6以下的烷的俗名：

(1)正（n-）：表任何直鏈烷。如：正戊烷$CH_3CH_2CH_2CH_2CH_3$

(2)異（iso-）：表有1個甲基支鏈在第2個碳上。如：異戊烷

$$CH_3\overset{|}{C}HCH_3CH_3$$
$$CH_3$$

(3)新（neo-）：表第三異構物，只用於戊烷與己烷。如：新戊烷

$$CH_3\overset{\overset{CH_3}{|}}{\underset{\underset{CH_3}{|}}{C}}CH_3$$

(D)兩種結構式代表同一化合物，不是結構異構物。（**單鍵可以旋轉**）

③ 化學物質的表示法

綺瑩也跟著我在黑板上寫出幾個化學式：「老師，能寫出化學式的物質，就是『純物質』對吧？」

「沒錯。」我微笑。

「老師說過，化學式有分子式、實驗式、示性式、結構式、電子點式等五種，那爲什麼同一種物質卻要用許多不一樣的化學式來表示呢？」

面對認眞學習勇於發問的學生，一定要很有耐心的回答：「就好像我們的名字一樣。你正式的名字叫『關綺瑩』，你媽媽可能會叫你『瑩瑩』，這就類似化學式中的簡式。但是可能有許多跟你一樣同名同姓的人，所以，在正式文件上，你的名字還要搭配上身份證字號甚至出生年月日，這就類似化學式中的示性式或結構式。」

一、化學式

以元素符號和數字簡明表達純物質的組成原子結合關係，稱爲化學式。包括分子式、實驗式、示性式、結構式、電子點式等。

二、化學式種類：[*]

1. **實驗式**（empirical formula）

   (1) 表示物質組成最簡單之化學式，又稱爲「**簡式**」，可以表明分子中原子的種類與原子數之相對比值。如：乙烯C_2H_4的實驗式爲CH_2。

   (2) 金屬、離子化合物、網狀共價固體，均爲連續性結構，以實驗式表示。如：Fe、$NaCl$、SiO_2等。

   (3) 若兩化合物之實驗式相同，則二者之重量百分組成也完全相同。

2. 分子式（molecular formula）

    (1) 表示分子中，原子種類與原子數目之化學式。如：乙烯分子式：C_2H_4，表示1個乙烯分子有2個C原子，4個H原子。

    (2) 分子式的式量為實驗式的**整數倍**。

    (3) 如同分異構物，不同化合物有相同的分子式。如：甲醚（CH_3OCH_3）與乙醇（CH_3CH_2OH）的分子式均為C_2H_6O。

3. 結構式（structural formula）

    (1) 表示一分子所含原子種類、數目和結合的情形之化學式，又稱「**構造式**」。理想之結構式應為立體，但是為了方便常適度簡化以平面表示。例：CH_4結構式如右。

$$H-\overset{\displaystyle H}{\underset{\displaystyle H}{C}}-H$$

    (2) 分子式相同但結構式不同，稱為「同分異構物（isomer）」。如：丙醛（CH_3CH_2CHO）與丙酮（CH_3COCH_3）。

4. 示性式（rational formula）

    (1) 表示一分子內所含原子的種類、數目和根或官能基而簡示其特性的化學式。例如：醋酸的示性式為CH_3COOH。

    (2) 常見官能基：

官能基	羥基	酸基	醚基	醛基	酮基
通式	—OH	R—COOH	C—O—C	R—CHO	R—CO—R' [註]

（註）「R」代表「取代基」，有關取代基的內容於本系列「有機化合物」一冊中詳予討論。

5. 電子點式（electron dot formula）

(1) 此表示法為路易斯（Gilbert Newton Lewis）所創，故稱為「**路易斯電子點式**」，簡稱電子點式。

(2) 化學變化與電子的得失有關，而原子的化學性質和最外層的電子關係相當密切。因此，利用元素符號及其最外層電子數來表示原子的表示法，稱為電子點式。如鈉原子與氯原子的電子點式表示法如下。元素符號表示原子核及其內層電子；黑點表示外層的電子。

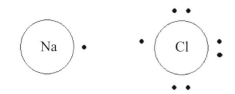

深入思考

相同的化學式是否同屬兩種以上表示法？如「H_2O」一般我們說它是「分子式」，但依照定義，「H_2O」是否也屬於「實驗式」？又如惰氣「Ne」的化學式，是屬於「實驗式」或「分子式」甚至是「結構式」？

（請你自己想答案喔。）

重要觀念建立 2-8[*]

下列物質的化學式，何者為實驗式？

(A) 鐵　(B) 甲烷　(C) 硫酸　(D)C_{60}　(E)NH_4Cl。

解 析

答案為(A)、(B)、(C)、(E)。

(D)C_{60}為分子式。

特色解析

實驗式是表示純物質中組成元素的原子種類和最簡單原子數比的化學式。

而金屬晶體、離子化合物和網狀共價固體均僅以實驗式表示，故(A)鐵Fe、

(E)$NH_4^+Cl^-$僅表示實驗式。

另(B)甲烷CH_4與(C)硫酸H_2SO_4雖為常見的分子式，但原子數比亦為最簡單

整數比，所以CH_4、H_2SO_4也可視為實驗式。

故(A)(B)(C)(E)均為實驗式。**通常大家會忽略B與C認為僅為分子式而非實驗**

式！

重要觀念建立 2-9
試寫出乙酸的五種型式化學式（包括分子式、實驗式、示性式、結構式、電子點式等）。

特色解析

分子式：$C_2H_4O_2$

實驗式：CH_2O

示性式：CH_3COOH

結構式：

```
      H  O
      |  ‖
  H－C－C－OH
      |
      H
```

電子點式：

```
      H·Ö·
  H:C:C:Ö:H
      H
```

課堂即時講解

三、化學式求法 [*]

　　利用質量守恆定律，根據生成物組成與質量推知反應物的化學式：

1. 先計算化合物中各成分元素的重量。

$$W_A = W_{化合物} \times \frac{n \times A}{M} \text{。}$$

（A：某元素的原子量；n：化學式中某原子的個數；M：化合物的式量或分子量。）

2. 將各元素的重量或百分組成除以原子量，可得各元素的原子數比，即可得實驗式與式量。

　　說明：

原子數比 $C：H：O = \dfrac{C \text{ 之質量}}{C \text{ 原子量}} : \dfrac{H \text{ 之質量}}{H \text{ 原子量}} : \dfrac{O \text{ 之質量}}{O \text{ 原子量}}$

$= \dfrac{C\%}{C \text{ 原子量}} : \dfrac{H\%}{H \text{ 原子量}} : \dfrac{O\%}{O \text{ 原子量}}$

$= H：Y：Z$（最簡單整數比）

則實驗式為 $C_xH_yO_z$

3. 若可測得化合物的分子量，即可再求得分子式。

　　說明：由分子式 =（實驗式）$_n$，而 $n = \left(\dfrac{\text{分子量}}{\text{式量}}\right)$ 代入，即可得分子式。

4. 分子式及結構式的求法流程：

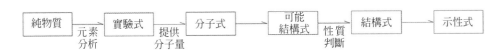

純物質 →元素分析→ 實驗式 →提供分子量→ 分子式 → 可能結構式 →性質判斷→ 結構式 → 示性式

重要觀念建立 2-10

維生素 C 是由碳、氫、氧三種元素所組成之重要的營養素。

今取維生素 C 試樣 2.64g，燃燒後生成 1.08g 的水與 3.96g 的二氧化碳；若已知維生素 C 的分子量介於 170～180 之間，則其化學式爲何？

解析

C重：$3.96 \times \dfrac{12}{44} = 1.08g$

H重：$1.08 \times \dfrac{2}{18} = 0.12g$

O重：$2.64 - 1.08 - 0.12 = 1.44g$

令此化學實驗式為$C_XH_YO_Z$

則X：Y：Z（莫耳數）
$$= \frac{1.08}{12} : \frac{0.12}{1} : \frac{1.44}{16}$$
$$= 0.09 : 0.12 : 0.09$$
$$= 3 : 4 : 3$$

又分子式為$(C_3H_4O_3)_n$，分子量88n，且170 < 88n < 180，n = 2

∴分子式$C_6H_8O_6$

特色解析

此種題型在計算三原子莫耳數比時，常會因為實驗成果的誤差，而有無法取得一個很漂亮的數字比的困擾，此時，**直覺依近似值來判斷比值**就相當重要。以下再以一個例題說明：

某物質由碳、氫、氧三元素組成，經分析其中含元素的重量百分率分別為含氫9.09%、氧36.4%，求該物質的實驗式。

解

令此化學實驗式爲$C_XH_YO_Z$

則X：Y：Z（莫耳數）= (100 − 9.09 − 36.4)/12：9.09/1：36.4/16

$\qquad\qquad\qquad$ = 4.5425：9.09：2.275

→這種比值的最簡單整數比該如何取捨？

依經驗直覺，可化簡爲4：8：2（約等比例各減去一點）

$\qquad\qquad\qquad\qquad\qquad$ = 2：4：1

故答案爲C_2H_4O

多做練習培養直覺是不二法門喔！

1. 化學元素指自然界中基本的金屬和非金屬物質，它們只由一種原子組成，用一般的化學方法不能使之分解。

2. 元素分類有許多方式，最常見的分類就是以導電的難易度，區分為「金屬元素」、「非金屬元素」與「類金屬元素」三種，不過一般最常見的分類法還是只有「金屬元素」與「非金屬元素」。

3. 金屬元素有具有金屬光澤、富有延展性、容易導電、傳熱等特性。

4. 非金屬元素在室溫下可以是氣體、液體或固體，表面沒有光澤，顏色多樣化，硬度有明顯的差別，易碎、且密度比金屬要低，是電與熱的不良導體（石墨為良導體除外）。

5. 類金屬的導電特性介於金屬與非金屬之間，通常可作為半導體，溫度越高導電性增加，加入微量雜質導電性劇增。

6. 同素異形體是指由單一化學元素構成，但組成卻不相同的純物質。

7. 化合物的分類最主要有三大型式：電解質與非電解質、有機化合物與無機化合物、分子化合物與離子化合物。

8. 同分異構物指的是擁有相同分子式，但結構式卻不相同的化合物分子。化學中常見的兩種主要的種類為結構異構物以及幾何異構物。

9. 以元素符號和數字簡明表達純物質的組成原子結合關係，稱為化學式。包括分子式、實驗式、示性式、結構式、電子點式等。

10. 化學式求法，可利用質量守恆定律，根據生成物組成與質量推知反應物的化學式。

學習上易犯錯的地方與注意事項

1. 金屬元素大多為銀白色，但少數如金、銅、鎢等例外。須認識金屬通性與各金屬的個別較特殊的性質。

2. 即使一樣是碳元素，石墨會導電，鑽石卻是不良導體。

3. 須清楚「同位素」、「同素異形體」與「同分異構物」三者的定義與範例。

4. 常見會弄錯為電解質的非電解質為葡萄糖與酒精。

5. 易誤解為有機化合物的分類法為碳原子的有無以及氫原子的有無。雖然有機化合物均含有C，但如C本身、CO、CO_2、碳酸鹽類、氰化物、硫化碳、碳化鈣等卻非屬有機化合物；又氫原子其實並非是有機化合物的必要元素。

6. 分子化合物與離子化合物最簡易的分辨法則：分子化合物結構是均由非金屬原子所組成的，離子化合物是由金屬陽離子（或銨根離子）及非金屬陰離子（或酸根、氫氧根離子）所結合形成的。

7. 化學式中最容易判斷錯誤的題目：NaCl為簡式而非分子式，He為分子式而非簡式，又如H_2O與CO_2，既是簡式亦為分子式。

第三章　原子結構

本章導讀

原子名稱的真正含意是什麼？是最基本的粒子嗎？

道耳吞提出原子說，他見過原子了嗎？

道耳吞、湯木生、拉塞福他們提出的原子模型與現代原子模型到底差別有多大？

原子核裡面只有質子與中子嗎？

電子很小，但真的微不足道嗎？

物質粒子是如何連結起來的？

原子，原來是這個樣子！

學習概念圖

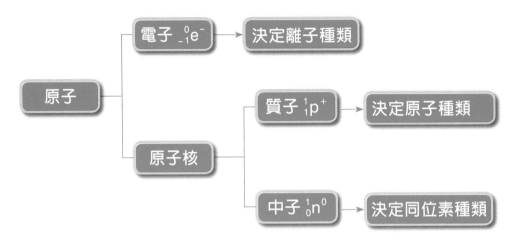

本書加 * 號處為高中程度應理解之內容。

最小的粒子到底是什麼？古今中外科學家還有哲學家們不斷地做追尋，都還沒有找到確定的答案，就直接給它命了名：「原子」，結果後來還真的發現了它的結構，可是卻還有更小的粒子隱身在其中。所以，原子還不算是「最小的粒子」。

那到底什麼才是「最小的粒子」呢？迄今科學家仍鍥而不捨地努力研究，只是沒想到大宇宙一望無垠，而「小宇宙」更是高深莫測。

尚且不管最小、最基本的粒子到底是哪一種粒子，我們本章就先來研究「原子」。

① 原子結構的發現

筱云與綺瑩是同校同學，一樣是我化學班的學生。當我在課堂上提到湯木生利用陰極射線發現「電子」的過程，她嘆為觀止地說：「這些科學家怎麼會想出這麼酷的方法，來找出這些微粒子？」

我倒了一杯水，遞給她說：「你想辦法喝掉下半部的水，而上半部的水不能倒出來或離開這個杯子。」

筱云接過杯子，想了一下，就拿起剛剛喝飲料的吸管，插入水中，順利地喝掉下半杯的水，而上半杯的水好好地還留在原杯中，沒有違反我的規則。

我興奮地用力拍手，「你看，你做到了！」

筱云皺著眉頭：「老師，這很簡單呀，我本來還想說怎麼可能只喝下半部的水而不喝上半部，可是後來不小心看見吸管就靈光一閃。」

我揮揮手說：「不錯，其實這些偉大的科學家，他們的發現或發明除了因為他們的學養，有時候的靈光一閃也是很重要的呢。傳說中，門德列

夫發明週期表，還是做夢所夢到的呢！」

一、原子理論的提出

　　原子的英文名（Atom）是從希臘語atomos轉化而來。中文中，「原」的意思是「最早的」、「最基本的」、「最初始的」，所以「原子」意即「組成物質最基本的粒子」。古今中外，討論原子的相關學說相當分歧並有爭議，其中，最具系統的原子學說首推道耳吞（John Dalton）於1808年提出的原子說（Atomic Theory）。

　　道耳吞的原子說要點如下：

1. 原子（atom）是組成化學元素（element）的最小粒子，不可被分割。
2. 相同元素的原子，其質量與大小均相同；不同元素的原子，其質量與大小均不同。
3. 化合物是由不同元素的原子所組成，其原子組成間一定是簡單整數比。
4. 在化學反應中，原子不會消失或新生成，化學反應只是將原子加以重新排列組合而已。

　　道耳吞的原子說論點以現今觀點而言並不完全正確（詳如下頁特色解析），但卻是原子發現歷史的一個重要里程碑。

重要觀念建立 3-1

下列道耳吞的原子說內容，在目前來看何者需要修正？

(A) 物質是由原子所組成的

(B) 原子無法再分割

(C) 相同原子的質量和性質皆相同

(D) 不同原子間可以簡單整數比結合成化合物

(E) 組成化合物之原子質量比固定。

 解 析

(A)已知許多化學元素所組成的最小粒子是分子。

(B)原子可再分割成更小的粒子，如電子、質子、中子等。

(C)因元素有同位素的存在，故同一種元素的原子（^{16}O、^{17}O）質量可以不相同；反之，如同量素相同質量的原子（^{14}C、^{14}N），也可以是不同元素的原子；又因同素異形體的存在，故同一種原子所組成的物質，性質亦可不同，例如由碳原子所組成的金剛石、石墨。

(D)因結晶缺陷，使得化合物中原子間的結合不成簡單的整數比。[*]

特色解析

道耳吞原子說的價值與修正整理如下表：

原內容	價值	現今修正
原子是組成化學元素的最小粒子，不可被分割。		已知許多化學元素所組成的最小粒子是分子，而原子亦可再分割成更小的粒子，如電子、質子、中子等。
相同元素的原子，其質量與大小均相同；不同元素的原子，其質量與大小均不同。		1. 因元素有同位素的存在，故同一種元素的原子（^{16}O、^{17}O）質量可以不相同；反之，如同量素相同質量的原子（^{14}C、^{14}N），也可以是不同元素的原子。 2. 因同素異形體的存在，故同一種原子所組成的物質，性質亦可不同，例如由碳原子所組成的金剛石、石墨。
化合物是由不同元素的原子所組成，其原子組成間一定是簡單整數比。	解釋「定比定律」	因結晶缺陷，使得化合物中原子間的結合不成簡單的整數比。*
化學反應中，原子不會消失或新生成，化學反應只是將原子加以重組而已。	解釋「質量守恆定律」	因人工核反應及放射性蛻變現象之產生，證明原子種類可在核反應中發生改變；但在化學反應中，原子的種類與數目仍不變。*

二、陰極射線與電子的發現 *

1879年克魯克司（W. Crookes）在管壁塗有螢光劑（硫化鋅）的氣體放電管中，施以10000伏特的高電壓，同時將管內氣體壓力抽至10^{-6}atm以下，可看到自放電管的陰極產生一束射線打在其對面管壁上，並發

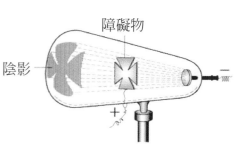

障礙物

陰影

出螢光，故將此束射線稱為「陰極射線」。陰極射線是**直線前進**，**為高速運動的粒子束**，**射線產生與氣體種類或電極材料無關**。

1897年湯木生（Joseph John Thomson）利用陰極射線測定出電子的荷質比e/m = 1.76×10^8庫侖／克，並推定陰極射線是由帶負電的粒子所組成，將其命名為**電子**（electron），隨之提出原子模型「正電荷分布於原子**整體**，電子亦均勻地分布於其內，正負電荷相等而成電中性且質量均勻分布」。

1909年密立坎（Robert Andrews Millikan）利用油滴實驗測得電子電荷為1.602×10^{-19}庫侖。（油滴所帶的電量均為電子電量的簡單整數倍。）

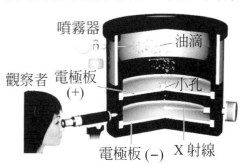

噴霧器

油滴

觀察者 電極板
(+)

小孔

電極板 (−)　X射線

綜上，電子質量測定：

e ÷ e/m = m

1.602×10^{-19}庫侖／1.76×10^8庫侖／克

= 9.11×10^{-28}克

重要觀念建立 3-2

有關陰極射線之敘述，下列何者正確？

(A) 陰極射線屬於電磁輻射

(B) 陰極射線會受到電場的吸引而偏向電場的正極

(C) 陰極射線會受到磁場的吸引而偏向磁場的 N 極

(D) 無論放電管中充入何種氣體時，所產生之陰極射線均相同

(E) 陰極射線之荷質比遠大於任何陽離子之荷質比。

解析

答案為B、D、E

(A)陰極射線屬於粒子束。

(C)陰極射線會受到磁場的作用，但並非偏向磁場的N極。

特色解析

(A)電磁輻射與粒子說的差別在於介質的有無。

(B)陰極射線會受到電場的吸引而偏向電場的正極，故證明本身帶電，且帶負電荷。

(C)陰極射線會受到磁場的作用，偏轉方向可利用「右手開掌定則」判別。

(D)無論放電管中充入何種氣體時，所產生之陰極射線均相同，因為陰極射線的產生與氣體種類或電極材料無關。

(E)陰極射線的粒子（電子）質量極小，故荷質比遠大於任何陽離子之荷質比。

重要觀念建立 3-3

某一陽離子的荷質比為 5.08×10^3 庫侖／克，此陽離子可能為

(A)$^{19}_{9}F^+$　(B)$^{16}_{8}O^+$　(C)$^{14}_{7}N^{2+}$　(D)$^{24}_{12}Mg^{2+}$。

解析

答案為A。

M^{n+}的荷質比 $= \dfrac{n \times 96500}{M} = 5.08 \times 10^3$ 庫侖／克

$\therefore \dfrac{M}{n} = 19$

本題選項$\dfrac{M}{n}$值：(A)$\dfrac{19}{1}$；(B)$\dfrac{16}{1}$；(C)$\dfrac{14}{2}$；(D)$\dfrac{24}{2}$。

特色解析

荷質比e/m與電量成正比與質量成反比。

通常電荷約略相同時，質量（原子量）越大者，荷質比越小。

▲大自然所有美好事物均由原子組成

第三章　原子結構

重要觀念建立 3-4

從密立坎的油滴實驗中，觀察油滴電量有下列五種：4.32×10^{-9}esu、3.84×10^{-9}esu、2.88×10^{-9}esu、1.44×10^{-9}esu、9.60×10^{-10}esu（esu 爲靜電單位）。若另一油滴之電量爲 4.80×10^{-9}esu，則該油滴會吸附有多少個電子？　(A)6　(B)10　(C)12　(D)15。

特色解析

答案爲B。

油滴所帶的電量均爲電子電量的**簡單整數倍**，

故先求出

4.32×10^{-9}esu

3.84×10^{-9}esu

2.88×10^{-9}esu

1.44×10^{-9}esu

9.60×10^{-10}esu

這5組數字的**最大公因數**

得4.80×10^{-10}esu

今所求油滴電量爲4.80×10^{-9}esu

爲4.80×10^{-10}esu的10倍

故可推估該油滴吸附有10個電子。

三、拉塞福的原子模型與質子的發現

1911年拉塞福（Ernest Rutherford）以α粒子散射實驗提出「核原子模型」：原子內大部分空間為電子佔有，中心有體積極小、帶正電且質量集中的核。模型略似太陽系：絕大部分質量集中在原子核，直徑$10^{-14}\sim10^{-15}$m，帶正電；電子在外環繞，直徑為10^{-10}m。*

1913年湯木生利用質譜儀發現同位素。同年莫色勒（Moseley）利用電子撞擊不同元素，產生不同頻率的X射線，建立原子序觀念。最後1919年拉塞福以α粒子撞擊氮原子而發現質子。* $^4_2\text{He} + ^{14}_7\text{N} \rightarrow ^{17}_8\text{O} + ^1_1\text{H}$

▲莫色勒

重要觀念建立 3-5[*]

如果以原子爲組成物質的單元，則直徑爲 0.1 毫米的一粒細砂所含有的原子數目約爲多少個？（選最接近的數量級）

(A)10^6　(B)10^9　(C)10^{13}　(D)10^{18}。

特色解析

答案爲D。

本題要有立體觀念，最常見的錯誤是直接以直徑計算（$10^{-4}/10^{-10}$）。

正確解法應如下：

∵球體體積可視爲（直徑）^{3}，原子直徑 = 10^{-10}m

∴細砂中所含原子數約 = $\dfrac{(0.1 \times 10^{-3}\text{m})^3}{(10^{-10}\text{m})^3}$ = 10^{18}個

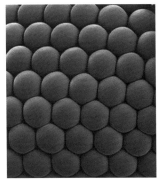

▲砂中見世界

② 原子核與原子基本結構

用功認真的筱云，在筆記本裡寫下原子內部結構，並自己整理出一個表格。我在一旁看了一下，正想誇獎她時，只見她又抬頭問我：「老師，所以電子、質子、中子已經算是組成物質的最小粒子了嗎？」

我聽完之後，想到我們身處宇宙的外面，又是一個什麼樣的空間呢？

一、莫色勒原子序概念

1913年莫色勒利用電子撞擊不同的元素而得X射線光譜，發現愈重的原子，其所產生的X射線波長愈短，進而建立了**原子序**的概念。原子序即為原子核之正電荷數目，**電中性原子之原子序 = 質子數 = 核外電子數**。

原子之化性取決於原子序，原子序相同的元素化性相同。最後1919年拉塞福以α粒子撞擊氮原子而發現質子，**質子數即為原子序**。*

二、同位素與中子的發現

1913年湯木生利用質譜儀測量各元素的原子質量數，發現了**同位素**（原子序相同質量卻不同的同種原子）。而後科學家使用質譜儀所測量的結果，發現除了氣（氫最常見的同位素）以外，其他原子的質量都較其所含的質子及電子總質量大很多，因此科學家推論有另一中性粒子存在，終於在1932年查兌克（J. Chadwick）利用鐳所放射的α粒子**撞擊鈹**原子核而獲得中子。$^4_2He + ^9_4Be \rightarrow ^{12}_6C + ^1_0n$*

由於電子質量小幾乎可忽略，故質子數與中子數的和即為「**質量數**」。

重要觀念建立3-6

X、Y、Z 三個原子。已知 X 原子經由 β 衰變放出一個電子後變為 Y 原子，而 Y 原子與質子進行核反應後生成 Z 原子並放出一個 α 粒子（$_2^4$He），則以下說法何者正確？

(A)X 原子較 Z 原子多一個質子

(B)X 原子比 Z 原子少一個中子

(C)X 原子的質量數＋3＝Z 原子的質量數

(D)X 與 Z 之核電荷相加是 Y 原子核電荷的 2 倍

(E)X 原子與 Z 原子互為同位素。

特色解析

答案為E。

β 衰變（beta decay）是放射性原子核放射電子（β粒子）和微中子而轉變為另一種核的過程，在此僅探討釋放出電子。[*]

$_b^a X \rightarrow _{b+1}^a Y + _{-1}^0 e$

$_{b+1}^a Y + _1^1 p \rightarrow _b^{a-3} Z + _2^4 He$

(A)X與Z的原子序均為b，故X原子質子數和Z原子相同。

(B)Z的質量數為a－3，X質量數為a，因兩者質子數相同，故Z原子較X原子少3個中子。

(C)X原子之質量數為a；Z原子之質量數為a－3，故X原子的質量數 ＝ Z原子的質量數＋3。

(D)X與Z之核電荷（原子序）均為b，而Y之核電荷為b+1，故2b ≠ b+1。

(E)X與Z原子之原子序相同、質量數不同，故互為同位素。

重要觀念建立 3-7

甲、乙、丙、丁為原子或離子，其所含的質子、中子與電子的數目如下表。試單就下表的數據，判斷下列相關的敘述，哪些正確？

	甲	乙	丙	丁
質子數	2	2	3	3
中子數	1	2	3	4
電子數	2	2	2	3

(A) 甲、乙為同位素

(B) 乙、丙為同位素

(C) 甲、乙、丙為同位素

(D) 乙、丁為離子

(E) 丙、丁為同位素

(F) 丙為離子。

解析

答案 A、E

質子數相同，中子數（質量數）不同者稱為同位素。而質子帶正電，電子帶負電，當質子數≠電子數時，此時原子帶電，帶電的原子即為離子。

第三章 原子結構

特色解析 *

「原子質量」、「原子量」、「平均原子量」、「質量數」等名詞意義完全不同,讀者極易混淆:

1. 原子質量:原子實際質量。

2. 原子量:原子質量與碳12原子質量的比值。**可能有小數**。

3. 平均原子量:即**週期表上所載之原子量**。若元素M自然界中存在之同位素M_1有a%,M_2有b%,M_3有c%……等,則平均原子量M = M_1×a% + M_2×b% + M_3×c% + ……。

4. 質量數:質子數 + 中子數,**必為整數**。

小補充

　　許多同學以為週期表上所標示的原子量就是一般我們計算常使用的原子量,但卻有一個大疑問:C原子的原子量居然是「12.01」,此與我們所知C原子的原子量定為12有所不同。原來,週期表上所標示的原子量,其實是所謂的「平均原子量」,也就是該原子各同位素原子量的加權平均值。

三、原子基本結構

目前已知，原子基本結構原則上可分為核外電子與原子核，原子核內有質子與中子，故「電子」、「質子」與「中子」為組成原子的主要基本微粒子。以下就將此三種粒子製表比較：

粒子	電子	質子	中子
發現者	湯木生	拉塞福	查兌克
符號	$_{-1}^{0}e$	$_{1}^{1}p$	$_{0}^{1}n$
電荷（庫侖）*	-1.602×10^{-19}	$+1.602 \times 10^{-19}$	0
相對質量比	約 1/1836	1	約 1.001
質量（g）*	9.11×10^{-28}	1.673×10^{-24}	1.675×10^{-24}
特性	1.活動範圍決定原子體積。 2.決定離子化學性質。	1.決定原子化學性質。 2.質子數＝原子序。	1.決定同位素種類。 2.決定原子的物理性質。
元素符號表示法	X^{+P-e}	$_{p}X$	^{n+p}X

重要觀念建立 3-8

在地殼變動的過程中常引發儲氣層氣體逸竄至地表的現象,而使該區域大氣中特定元素的同位素含量比值在地震發生前後有明顯的差異,所以同位素含量比值的分析也被應用於監測地震活動的工作上。由於氦同位素($_2^3$He、$_2^4$He)的含量比值變動性大,所以較其他元素更廣泛被使用,下列敘述何者正確?

(A)$_2^4$He 原子核內含有 4 個質子

(B)$_2^3$He 原子核內含有 3 個中子

(C)$_2^3$He 和 $_2^4$He 原子核外均有 2 個電子

(D)$_2^3$He^{2+} 所含的質子數比 $_2^4$He^{2+} 少一個

(E)$_2^3$He^{2+} 與 $_2^4$He^{2+} 所含的電子數相同。

解析

答案為C、E。

(A)$_2^4$He原子序為2,故核內含有2個質子。

(B)$_2^3$He原子核內含有1個中子(3 − 2 = 1)。

(C)因為原子為電中性,質子數 = 電子數,$_2^3$He和$_2^4$He的原子序(質子數)均為2,故原子核外均有2個電子。

(D)$_2^3$He^{2+}所含的質子數與$_2^4$He^{2+}相同。

(E)$_2^3$He^{2+}與$_2^4$He^{2+}所含的電子數相同無誤。

特色解析

以下為各粒子數整理表解：

	質子數	電子數	中子數
$_2^3\text{He}$	2	2	1
$_2^4\text{He}$	2	2	2
$_2^3\text{He}^{2+}$	2	0	1
$_2^4\text{He}^{2+}$	2	0	2

小補充

　　同位素原子的化學性質是相同的，不同的是物理性質。比如「氕（^1H）」與「氘（^2H）」，都可以與氧化合形成水，差別只是質量不同等物理性質（溶、沸點等）不同的問題。

重要觀念建立 3-9

$_a\text{X}^{m-}$ 與 $_b\text{Y}^{n+}$ 兩種離子，若已知兩者具有相同的電子數，則 a、b、m、n 四者之關係式何者正確？

(A)$a = b - m - n$

(B)$a = b + m - n$

(C)$a = b - m + n$

(D)$a = b + m + n$。

解析

答案為A。

$_a\text{X}^{m-}$、$_b\text{Y}^{n+}$ 有相同電子數，故 $a + m = b - n \Rightarrow a = b - m - n$

四、近代其他微粒子的發現 *

  1. 夸克（quark）

    (1) 1960年代，「夸克模型」（quark model）和「部分子模型」（parton model）等理論可用來解釋質子、中子、其他粒子及更小結構的問題。

    (2) 早期的研究所提出的夸克模型只有兩種，一種是帶1/3單位負基本電荷（−1/3）的下夸克（down quark，簡寫成「d」），另一種是帶2/3單位正基本電荷（+2/3）的上夸克（up quark，簡寫成「u」）。

      a. 質子是帶+1單位電荷，因為它是由兩個上夸克加上一個下夸克所組成的，合計是$2 \times (2/3) + (-1/3) = +1$。P（質子）=（uud）

      b. 中子是電中性，所以它的組合方式是兩個下夸克加上一個上夸克所組成的，合計是
$2 \times (-1/3) + (2/3) = 0$。N（中子）=（udd）

    (3) 物理學家隨後發現有些粒子無法用以上兩個夸克的組合來解釋，之後陸陸續續又發現了奇夸克（s）、魅夸克（c）、底夸克（b）和頂夸克（t）。

  2. 輕子

    (1) 電子：質量只有質子的1/1836。

    (2) 渺子（μ muon）：比電子重約207倍。

    (3) 淘子（τ tauon）：比電子重約3484倍。

　　筱云一邊仔細研究陰極射線的實驗，一邊想著：「如果填充入不同的氣體，結果是否會不同？又它們發射出來的光，其光譜又代表什麼意義？」

　　她上網查出：原來，原子吸收了能量，狀態並不穩定，必須要立刻將能量釋放，於是形成了各式光譜。

　　「好厲害！科學家居然可以推出 $E = h\nu = h\dfrac{c}{\lambda}$ 這公式！雖然老師告訴過我，有時候科學家的發現或發明都只是靈光一閃，但我就好像沒有這種天份。」

1. 光的二重性：

　　(1) 波動性（海更司Huygens）：光是一種電磁波，在真空中以 3×10^8 m/s速度前進。

　　　　c（光速）= λ（波長）× ν（頻率）

　　(2) 粒子性（牛頓Newton）：光是由不連續的量子所組成。

　　　　E（光能）= h（蒲朗克常數）× ν（頻率）

　　　　$h = 6.626 \times 10^{-34}$ J・s／光子

　　　　$\Rightarrow E = h\nu = h\dfrac{c}{\lambda}$，光的能量與頻率成正比，與波長成反比。

　　(3) 電磁波的全光譜：

　　　　電磁波的波長[註]由小而大（即頻率或能量由大而小）之順序如下：

（註）波長的常用單位：1Å（埃）= 10^{-10}m，1nm（奈米）= 10^{-9}m = 10Å

γ 射線 ＜ X射線 ＜ 紫外線 ＜ 可見光（400nm～700nm） ＜ 紅外線
＜ 微波 ＜ 無線電波

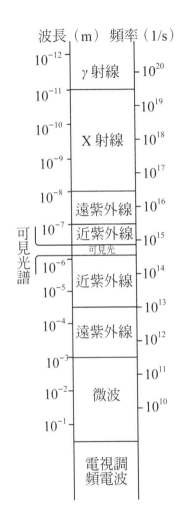

重要觀念建立 3-10

波長為 700nm 的紅色光，試求：（h = 6.626×10^{-34}J·s／個光子）

(1) 若波長分別以埃和公尺表示，應各為若干？

(2) 此紅色光的頻率為多少？

(3) 此紅色光的能量應為若干 kJ/mol？

解析

答案：

(1)7000 Å：7×10^{-7}m

(2)4.28×10^{14}(s^{-1})

(3)171kJ/mol

計算：

$c = \lambda \times \nu$

紅光頻率$\nu = \dfrac{c}{\lambda} = \dfrac{3 \times 10^8}{7 \times 10^{-7}} = 4.28 \times 10^{14}$($s^{-1}$)

又$E = h\nu$

故紅光能量$E = 6.626 \times 10^{-34}$J·s／個光子$\times 4.28 \times 10^{14}s^{-1} \times 6.02 \times 10^{23}$個／mol$\times 10^{-3}$kJ/J $= 171$kJ/mol

2. 氫原子光譜：

(1) 將氫氣裝入近中空放電管中，再施以高電壓，氫原子在受到能量激發後，會放出藍色的光。若將此光通過三稜鏡，並投射在偵測儀上，會產生五組的光譜線，此稱為氫原子光譜。

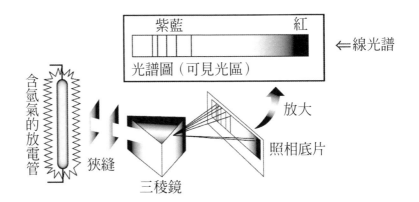

(2) 氫原子光譜的特性：

a. 為**不連續性的明線光譜**，每一條光譜線相對應一條特定頻率的光。（太陽光或白熾燈光經過三稜鏡的折射，產生的是七彩**連續光譜**）。

b. 光譜線條分為數群，頻率由高而低依次為**來曼系（Lyman）**、**巴耳麥系（Balmer）**、**帕申系（Paschen）**、**布拉克系（Brackett）**、**普芬士系（Pfund）**。

c. 各系列光譜線頻率間隔有規律性：隨著頻率的增加，各譜線的頻率間隔愈小。

公式：$\nu = R \times \left[\dfrac{1}{n_1^2} - \dfrac{1}{n_2^2} \right]$ (註)

（註）R 為雷德堡常數 $= 3.289 \times 10^{15}\,\text{s}^{-1}$，$n_1$、$n_2$ 為一正整數（$n_1 < n_2$）

3. 波耳的氫原子模型：

(1) 拉塞福原子模型的無法解釋：

    a. **無法解釋原子之穩定性**：拉塞福的原子模型說明，電子繞核轉動是一種加速度運動，故會放出電磁波而漸漸失去能量，最後必墜落核上而瓦解；但事實上氫原子相當安定。

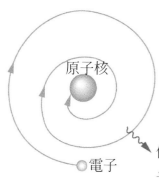

原子核

電子

依古典物理理論，應該會輻射出連續光譜後落於原子核上，顯與事實不合。

    b. **無法解釋明線的原子光譜**：當電子輻射出能量並逐漸接近原子核時，應放出頻率愈來愈高的電磁波而產生連續光譜；但事實上氫原子光譜為**不連續的明線光譜**。

(2) 波耳理論：1913年波耳提出。

    a. 氫原子的電子，只能在與原子核一定距離的軌道作圓周運動，亦即電子在運行時，電子將不會放出能量而維持穩定態。每個電子都有自己的特有能量，這些能量若以能階由低而高來排列，便可用n = 1、2、3……等量子數表示。

$$E_n = -\frac{K}{n^2} = -\frac{2.179 \times 10^{-18}}{n^2} \text{ J } / \text{個} = -\frac{1312}{n^2} \text{ kJ/mol}$$

K = 2.179×10⁻¹⁸J／個 = 1312kJ/mol

距原子核愈遠軌道上的電子，圓周運動的半徑愈大，電子所具有的能量愈高。n = 1最接近於原子核，其半徑最小、能量最低。

b. 氫原子在正常狀態下，其原子核外的電子在最低的能階（n = 1），稱為「基態（groundstate）」；當其吸收外來的能量時，就會躍升到較高能階，這時原子即呈「激發態（excitedtate）」。激發態原子的電子，從較高能階（E_H）回到較低能階（E_L）時，會放出能量，這放出的能量就會產生光譜。

(a) $\Delta E = E_H - E_L = -\dfrac{K}{n_H^2} - \left(-\dfrac{K}{n_L^2}\right) = K \times \left(\dfrac{1}{n_L^2} - \dfrac{1}{n_H^2}\right) = h\nu$

　　1個電子由n = 1至n = ∞之能量差為 2.179×10⁻¹⁸J／個，為氫原子之游離能。

(b) $\nu = \dfrac{K}{h} \times \left(\dfrac{1}{n_L^2} - \dfrac{1}{n_H^2}\right) = R \times \left(\dfrac{1}{n_L^2} - \dfrac{1}{n_H^2}\right)$ ，

　　$R = \dfrac{K}{h} = \dfrac{2.179 \times 10^{-18}}{6.626 \times 10^{-34}} = 3.289 \times 10^{15}\, s^{-1}$

(c) $\lambda = \dfrac{c}{\nu} = \dfrac{3 \times 10^8 \times 10^9}{3.289 \times 10^{15}\left(\dfrac{1}{n_L^2} - \dfrac{1}{n_H^2}\right)} = 91.2 \times \dfrac{1}{\left(\dfrac{1}{n_L^2} - \dfrac{1}{n_H^2}\right)}(nm)$

(d) 氫原子光譜系列：

光區	線系	n_L	n_H
紫外光區	來曼系（Lyman）	1	≧ 2
可見光區	巴耳麥系（Balmer）	2	≧ 3
紅外光區	帕申系（Paschen）	3	≧ 4
紅外光區	布拉克系（Brackett）	4	≧ 5
紅外光區	普芬土系（Pfund）	5	≧ 6

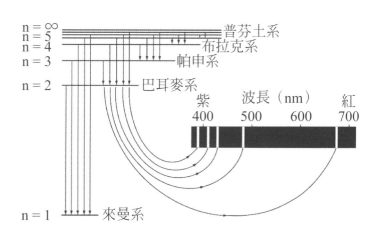

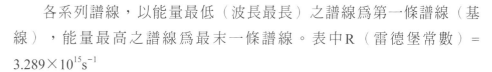

　　各系列譜線，以能量最低（波長最長）之譜線為第一條譜線（基線），能量最高之譜線為最末一條譜線。表中R（雷德堡常數）= $3.289 \times 10^{15} s^{-1}$

	第一條	第二條	……	最末一條
來曼系 （紫外光區）	$n=2 \rightarrow n=1$	$n=3 \rightarrow n=1$	……	$n=\infty \rightarrow n=1$
	$v=\dfrac{3}{4}R$	$v=\dfrac{8}{9}R$		$v=R$
巴耳麥系 （可見光區）	$n=3 \rightarrow n=2$	$n=4 \rightarrow n=2$	……	$n=\infty \rightarrow n=2$
	$v=\dfrac{5}{36}R$	$v=\dfrac{3}{16}R$		$v=\dfrac{1}{4}R$

重要觀念建立 3-11

下列有關波耳氫原子模型的敘述何者正確？

(A) 電子在軌道上運動時具有特定的能量

(B) 電子在特定能階能穩定存在而不輻射

(C) 電子由較高能階回到較低能階時，放出任意頻率的能量

(D) H 原子的電子在各軌道上所具有的能量為 $E_n = -\dfrac{2.179 \times 10^{-18} J}{n^2}$ ，
 n = 1、2、3…

(E) 電子吸收輻射能躍遷至較高能階的狀態，稱為基態。

解析

答案：ABD

(C)電子由較高能階回到較低能階時，放出**特定頻率**的能量；

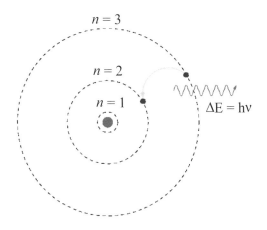

(E)電子吸收輻射能躍遷至較高能階的狀態，稱為**激發態**

重要觀念建立 3-12

附圖為氫原子光譜之可見光區及紫外光區，試回答下列各項：

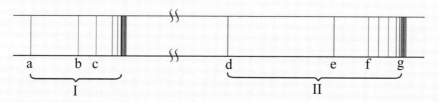

(1) 可見光區為何區（I 或 II）？
(2) d 譜線之頻率 = ？
(3) b 譜線的能量為若干 kJ/mol ？
(4) c 譜線的能量 E_c 對 e 譜線的能量 E_e 之比值（即 E_c/E_e）為何？
(5) 來曼系列第三條譜線是由哪一階跳回到哪一階所產生的？

解析

(1)I

(2)$2.47 \times 10^{15} s^{-1}$

　　d為n = 2 → n = 1，$\nu = 3.289 \times 10^{15} \times \left(\dfrac{1}{1^2} - \dfrac{1}{2^2} \right) = 2.47 \times 10^{15} (s^{-1})$

(3)246 kJ/mol

　　b為n = 4 → n = 2，$E = 1312 \times \left(\dfrac{1}{2^2} - \dfrac{1}{4^2} \right) = 246 (kJ/mol)$

(4)$\dfrac{189}{800}$

　　c為n = 5 → n = 2，e為n = 3 → n = 1

$$Ec/Ee = \frac{1312 \times \left(\frac{1}{2^2} - \frac{1}{5^2}\right)}{1312 \times \left(\frac{1}{1^2} - \frac{1}{3^2}\right)} = \frac{\frac{21}{100}}{\frac{8}{9}} = \frac{189}{800}$$

(5) $n = 4 \rightarrow n = 1$

來曼系列第一條譜線是由 $n = 2 \rightarrow n = 1$ 所產生

第二條譜線是由 $n = 3 \rightarrow n = 1$ 所產生

第三條譜線是由 $n = 4 \rightarrow n = 1$ 所產生

深入思考

「來曼系列」為紫外光區，「日光燈」發光的原理即為此。但是，紫外光不是「不可見光」嗎？為何我們見到的顏色是白色？跟燈管上物質有關嗎？　　　　　　　　　　（請你自己想答案喔。）

課堂即時補充

重要觀念建立 3-13

氫原子光譜中，紫外光區第 1 條明線、第 2 條明線，可見光區第 1 條明線波長分別為 λ_1、λ_2、λ_3，其頻率分別為 v_1、v_2、v_3，能量分別為 E_1、E_2、E_3，則：

(A)$E_2 = E_3 + E_1$

(B)$v_3 v_2 + v_1 v_2 = v_1 v_3$

(C)$v_2 - v_1 < v_2 - v_3$

(D)$\dfrac{1}{\lambda_2} = \dfrac{1}{\lambda_1} + \dfrac{1}{\lambda_3}$

(E)$\lambda_2 = \lambda_1 + \lambda_3$

解析

答案：ACD

$E_2 = E_1 + E_3$，

$h v_2 = h v_1 + h v_3 \Rightarrow v_2 = v_1 + v_3$，

故 $v_2 - v_1 < v_2 - v_3$

又 $v_2 = v_1 + v_3 \Rightarrow \dfrac{C}{\lambda_2} = \dfrac{C}{\lambda_1} + \dfrac{C}{\lambda_3}$ 故 $\dfrac{1}{\lambda_2} = \dfrac{1}{\lambda_1} + \dfrac{1}{\lambda_3}$

又 $\dfrac{C}{\lambda_2} = \dfrac{C}{\lambda_1} + \dfrac{C}{\lambda_3} \Rightarrow \lambda_1 \lambda_3 = \lambda_2 \lambda_3 + \lambda_1 \lambda_2$

重要觀念建立 3-14

在氫原子光譜的來曼系列中波長最長的譜線應爲多少 nm ？已知雷德堡（J. Rydberg）常數爲 $1.097 \times 10^{-2} nm^{-1}$。

解析

各系列譜線，能量最低（波長最長）之譜線爲第一條譜線，

故來曼系列第一條譜線 $n_f = 1$、$n_i = 2$，

$$\frac{1}{\lambda} = R \times \left(\frac{1}{n_f^2} - \frac{1}{n_i^2} \right) = 1.097 \times 10^{-2} \times \left(\frac{1}{1^2} - \frac{1}{2^2} \right) = 8.228 \times 10^{-3} nm^{-1}$$

$\lambda = 121.5nm$

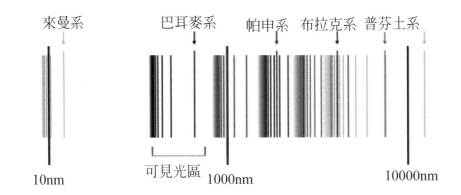

來曼系   巴耳麥系   帕申系 布拉克系 普芬土系

可見光區

10nm   1000nm   10000nm

物質的基本組成

❹ 電子分布與化學反應的關係 *

隔天，筱云到班上找我，立刻就問：「老師，原子的化學性質原則上不是要看原子種類、也就是『質子數』決定嗎？但是我們探討化學反應，似乎都是提到電子？」

我愛舉例的怪個性總是改不了：「筱云，你們學校班上雖然有班長等各位幹部，但負責『外交』的同學，是不是比較外向、喜歡往外跑？……」

「喔，老師，我知道了！」筱云忽然打斷我的話，「您的意思是：雖然班長與其他幹部是班上的靈魂人物，但是負責與其他班級或其他學校聯誼的同學，是個性比較外向、愛往外跑的同學。」她說完後興奮地握著拳，「我這樣子說對不對？」

我點點頭，「而且，能量越大的同學，跑得越遠喔！而每位同學應該都有自己熟悉的活動範圍，比如說有些人愛往師大附中、建中交往聯誼，有些人就喜歡到大同、中崙、松山等學校。」

筱云聽完，似乎有所領悟，轉過身去喃喃自語：「所以，『電子殼層』就是電子所擁有的能量層，而『電子軌域』，就是電子活動的型態。」

一、電子殼層

核外電子分布，依電子距原子核的遠近，將其分成若干殼層，最裡面的第一殼層，稱為K殼層，以主量子數$n = 1$表之；其外的第二層稱為L殼層，以$n = 2$表之；第三殼層稱為M殼層，以$n = 3$表之；第四殼層稱為N殼層，以$n = 4$表之。以此類推，離核愈遠電子能量愈高。

每一殼層最多可容納$2n^2$個電子。如n = 1，殼層最多可容納2個電子；n = 2，殼層最多可容納8個電子，n = 3殼層最多可容納18個電子等[註1]。電子的排列由n值越小的殼層填起，依次排列，如此形成的原子為最穩定的狀態。由於電子和原子核間及電子間產生複雜的交互作用力，所以原子序小於20的原子，在n = 3殼層最多只能容納8個電子。簡單地說，電子殼層要表達的意思就是電子能量大小。

由內至外 電子層次序	電子殼層符號	主量子數 n	可容納電子數目 $2n^2$ [註2]
1	K	1	2
2	L	2	8
3	M	3	18
4	N	4	32
5	O	5	50

在週期表中，第一週期元素具有一層電子殼層，第二週期元素具有二層電子殼層，第三週期元素具有三層電子殼層等。主族元素的族數（即A

（註1）雖然第三、四、五層的電子層可容納電子數目分別為 18 和 32 和 50，但是它們通常未擠滿電子。例如鉀（K）原子有 19 個電子，第一層（1s）有 2 個，第二層（2s2p）有 8 個，第三層卻不是放進 9 個電子，而是第三層（3s3p）只放進 8 個電子，再在第四層（4s）放進 1 個電子。

（註2）可容納電子數往上遞增，每一殼層依序為 6、10、14、18……

族）恰等於元素的價電子數^{（註）}（氦只有2個價電子在8A族除外）。

原子序小於20的原子，其核外電子排列情形如下表：

元素	符號	電子數	電子在不同殼層中的數目	元素	符號	電子數	電子在不同殼層中的數目
氫	H	1	1	鈉	Na	11	2，8，1
氦	He	2	2	鎂	Mg	12	2，8，2
鋰	Li	3	2，1	鋁	Al	13	2，8，3
鈹	Be	4	2，2	矽	Si	14	2，8，4
硼	B	5	2，3	磷	P	15	2，8，5
碳	C	6	2，4	硫	S	16	2，8，6
氮	N	7	2，5	氯	Cl	17	2，8，7
氧	O	8	2，6	氬	Ar	18	2，8，8
氟	F	9	2，7	鉀	K	19	2，8，8，1
氖	Ne	10	2，8	鈣	Ca	20	2，8，8，2

（註）「價（valence）」在化學上的意義是「最外圍」的意思，最外圍的殼層稱「價
殼層（valence shell）」、最外圍的軌域為「價軌域（valence orbital）」；價
電子（valence electron）是指位於原子最外層電子殼層或稱價殼層中的電子。
但過渡元素的價電子也可能出現在較內殼層的 d 軌域。

重要觀念建立 3-15

下列何者的價電子數與其他者不同？

(A)₁H　(B)₃Li　(C)₁₄Si　(D)₁₁Na　(E)₁₈Ar。

解 析

答案為C、E。

電子排列情形：

(A)H(1)價電子數1個；

(B)Li(2, 1)價電子數1個；

(C)Si(2, 8, 4)價電子數4個；

(D)Na(2, 8, 1)價電子數1個；

(E)Ar(2, 8, 8)價電子數8個。

特色解析

主族（A族）元素的族數即為價電子數，所以此題如已熟記週期表，則可輕鬆答出。

(A)H為1A族，價電子數1個；

(B)Li為1A族，價電子數1個；

(C)Si為4A族，價電子數4個；

(D)Na為1A族，價電子數1個；

(E)Ar為8A族，價電子數8個。

物質的基本組成

二、電子軌域（atomic orbital）

1. 軌域的概念：

   電子出現的區域稱為「軌域」，常以電子雲來顯示其90～95%機率區域的軌域之幾何形狀，但卻無法指出電子運行之確切途徑，所以在量子力學的原子模型中，需用三個**量子數**（主量子數n、角動量子數ℓ、磁動量子數m_ℓ）來描述一個原子軌域，加上第四個量子數自旋量子數（m_s）來顯示電子本身的自旋。

2. 量子數：原子各穩定狀態所標記的數字。

   (1) 主量子數（n）：決定軌域的能量與大小。（同上段殼層數）

   　　① n = 1、2、3、4、……等，分別稱為K、L、M、N……層。

   　　② n值愈大，則該殼層所具有的能量愈大，軌域範圍也愈大。

   (2) 角動量子數（ℓ）：決定軌域的形狀與種類（又稱副殼層）。

   　　① ℓ = 0、1、2、…(n − 1)之整數，共n個。

   　　② 對每一n值而言，均有n個不同之ℓ值，表示有n種不同形狀的軌域。

ℓ 值	0	1	2	3
軌域名稱	s	p	d	f
形狀	球形	啞鈴形	雙啞鈴	吊鐘形

   (3) 磁動量子數（m_ℓ）：決定軌域的個數與方位。

   　　① m_ℓ = $-\ell$、$-\ell + 1$、……、0、……、$+\ell - 1$、$+\ell$，共$2\ell + 1$個。

② 每一ℓ值均具$(2\ell + 1)$個不同的m_ℓ值，表示該種形狀的軌域有$(2\ell + 1)$個，且每一個軌域的空間方向不同。如s軌域只有1個，p軌域有3個，d軌域有5個，f軌域有7個等以此類推。

(4) 自旋量子數（m_s）：決定電子自轉的方向。

① $m_s = +\dfrac{1}{2}$、$-\dfrac{1}{2}$。

② 電子在軌域中可以有順時針與逆時針方向，而每一軌域中可填入兩個轉動方向相反的電子，故在一主殼層內最大容納之電子數為軌域總數的兩倍。

主殼層（n）	副殼層（ℓ）	軌域標示	磁量子數（m_ℓ）	副殼層軌域數	主殼層軌域總數（n^2）	主殼層容納電子數（$2n^2$）
1（K）	0	1s	0	1	1	2
2（L）	0	2s	0	1	4	8
	1	2p	±1，0	3		
3（M）	0	3s	0	1	9	18
	1	3p	±1，0	3		
	2	3d	±2，±1，0	5		
4（N）	0	4s	0	1	16	32
	1	4p	±1，0	3		
	2	4d	±2，±1，0	5		
	3	4f	±3，±2，±1，0	7		

重要觀念建立 3-16

下列有關軌域的敘述，何者正確？

(A) 量子力學的原子軌域理論中乃引用了主量子數 n、角動量子
　　數 ℓ、磁動量子數 m_ℓ 等三個量子數來描述一個軌域

(B) s 軌域呈球形對稱，分布同一球面上各點，電子出現的機率
　　相等，而與電子在空間的方向無關

(C) 2p 軌域的角動量子數為 1

(D) 在 n = 3 的軌域中，最多可容納 18 個電子

(E) n = 4 的主層有 1 個 4s 軌域、3 個 4p 軌域、5 個 4d 軌域、7
　　個 4f 軌域。

 解 析

答案為ABCDE

(A)三個量子數（n、ℓ、m_ℓ）來描述一個軌域是量子力學的原子軌域理論中
　　所引用；

(B)s軌域呈球形對稱，分布同一球面上各點，電子出現的機率相等，而與
　　電子在空間的方向無關；

(C)p軌域的角動量子數為1；

(D)在n = 3的軌域中，最多可容納$2n^2 = 2 \times 3^2 = 18$個電子；

(E)n = 4的主層有4s軌域（s有1個軌域）、4p軌域（p有3個軌域）、4d軌
　　域（d有4個軌域）、4f軌域（f有7個軌域）。

3. 軌域的種類：

(1) s軌域：對每一n≧1的主層中，均有1個s軌域。形狀為球形對稱。

(2) p軌域：對每一n≧2的主層中，均有3個p軌域。電子雲分別在x、y、z三個互相垂直的軸，呈啞鈴形分布，依次稱為p_x、p_y、p_z。具有方向性。

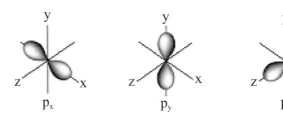

(3) d軌域：對每一n≧3的主層中，均有5個d軌域。具有方向性。

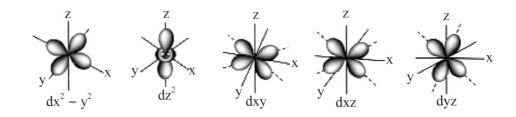

(4) f軌域：對每一n≧4的主層中，均有7個f軌域。具有方向性。

4. 軌域的能量：

(1) 單電子原子能階：原子或離子中僅含1個電子，如H、He^+、Li^{2+}等。其軌域能量高低僅由主量子數n決定，主量子數相同，則軌域能量相同，主量子數愈大，則軌域能量愈大。例如：1s < (2s =

2p) < (3s = 3p = 3d) < (4s = 4p = 4d = 4f) < 5s……

(2) 多電子原子能階：多電子原子軌域能量大小由n + ℓ決定。(n + ℓ) 值愈大，其能階愈高；(n + ℓ)值相同時，則n值愈大，其能階愈高，即ns < (n - 2)f < (n - 1)d < np。

例：1s < 2s < 2p < 3s < 3p < 4s < 3d < 4p < 5s < 4d < 5p < 6s …

	s (l=0)	p (l=1)			d (l=2)					f (l=3)						
	m=0	m=0	m=±1		m=0	m=±1		m=±2		m=0	m=±1		m=±2		m=±3	
	s	p_z	p_x	p_y	d_{z^2}	d_{xz}	d_{yz}	d_{xy}	$d_{x^2-y^2}$	f_{z^3}	f_{xz^2}	f_{yz^2}	f_{xyz}	$f_{z(x^2-y^2)}$	$f_{x(x^2-3y^2)}$	$f_{y(3x^2-y^2)}$
n=1																
n=2																
n=3																
n=4																
n=5										…	…	…	…	…	…	…
n=6				…	…	…	…	…	…	…	…	…	…	…	…	…
n=7		…	…	…	…	…	…	…	…	…	…	…	…	…	…	…

▲原子軌域在空間排列方式

重要觀念建立 3-17

下列有關原子軌域的敘述，何者正確？

(A)氫原子的 3s 軌域能量較 3p 軌域能量低

(B)鋰原子的 2s 與 5s 軌域皆為球形分布

(C)基態碳原子的 2p 軌域有兩個未成對電子

(D)主層 n＝4 的原子軌域最多可容納 14 個電子

(E)相對於 1s 軌域，2s 軌域電子出現機率最大的地方離開原子
　　核較遠。

解析

答案為BCE

(A)H原子：3s ＝ 3p；

(D)n ＝ 4可容納2×4^2 ＝ 32個電子。

特色解析

(A)氫原子屬單電子原子能階，其軌域能量高低僅由主量子數n決定，主量子數相同，則軌域能量相同，主量子數愈大，則軌域能量愈大。

(B)s軌域皆為球形分布，不論原子種類或主量子數多寡。

(C)碳電子數為6，2p軌域只填入2個半填滿軌域，故基態碳原子的2p軌域有兩個未成對電子（詳如本節「三、電子組態」）。

(D)每一殼層最多可容納$2n^2$個電子，主層n ＝ 4的原子軌域最多可容納2×4^2 ＝ 32個電子。

(E)相對於1s軌域，2s軌域電子出現機率最大的地方離開原子核較遠，3s比2s更遠。

重要觀念建立 3-18

下列有關軌域之敘述，何者正確？

(A)氫原子的軌域能量 1s < 2s = 2p < 3s = 3p = 3d

(B)氫原子的軌域能量 1s < 2s < 2p < 3s < 3p < 3d

(C)主量子數為 n 的軌域數目總共有 $2n^2$ 個

(D)各 n 值皆有一球形對稱的軌域，稱為 ns 軌域，n 愈大，ns 軌域之電子離原子核愈近

(E)凡是 n ≧ 2 的能階均含有 3 個互相垂直的 p 軌域。

 解 析

答案為AE。

(B)1s < 2s = 2p < 3s = 3p = 3d；

(C)n^2個軌域；

(D)n愈大，ns軌域距核愈遠。

特色解析

(A)單電子原子能階的軌域能量1s < 2s = 2p < 3s = 3p = 3d。

(B)多電子原子的軌域能量1s < 2s < 2p < 3s < 3p < 3d，本題氫屬單電子原子。

(C)主量子數為n的軌域**可容納電子數目**總共有$2n^2$個，而1個軌域可容納2個電子，故軌域數為電子數一半。

(D)各n值皆有一球形對稱的軌域，稱為ns軌域，主量子數愈大，其軌域之電子離原子核愈遠。

(E)凡是n≧2的能階才有p軌域，且均含有3個互相垂直的p_x、p_y、p_z軌域。

三、電子組態

1. 定義：原子中電子佔有軌域的排列方式。

2. 原則：多電子原子的電子組態需遵循以下三項原則，依次進入各軌域。

(1) **構築原理**（aufbau principle）：

電子由較低能階到較高能階的順序進入軌域。如多電子能階：1s < 2s < 2p < 3s < 3p < 4s < 3d < 4p < 5s < 4d < 5p < ……。

有關構築原理的的電子能階填寫順序記憶法百家爭鳴，在此提供作者建議的記憶法供讀者參考。

4f		5d		6p		7s
	4d		5p		6s	
3d		4p		5s		
	3p		4s			
2p		3s				
	2s					
1s						

表格填寫方法：

①先畫出7×7方格。

②自表格左下角的第1格依序向右上斜填入1s、2s……、7s。

③自左下角的1格向上2格，再如步驟2依序向右上斜填入2p、3p……、6p。

④依此法類推填至4f。

表格完成後，電子能階填寫順序自表格左下角由左向右、再由下而上，即可依序填出1s、2s、2p、3s、3p、4s、3d、4p、5s、4d、5p、6s、4f、5d、6p、7s……。

(2) 庖立不相容原則（Pauli exclusion principle）：

同一軌域最多只能容納兩個電子，且自旋方向相反。

軌域種類	s	p	d	f
軌域個數	1	3	5	7
填滿之電子數	⊗ s^2	⊗⊗⊗ p^6	⊗⊗⊗⊗⊗ d^{10}	⊗⊗⊗⊗⊗⊗⊗ f^{14}

(3) 罕德定則（Hund's rule）：數個電子要進入同能階的同型軌域（如$2p_X$、$2p_Y$、$2p_Z$）時，電子須先以相同的自旋方式分別填入不同軌域而不成對，當所有軌域均半填滿後，才允許自旋方向相反的電子依序填入而成對。例如：

元素	電子組態	電子組態示意圖
$_6C$	$1s^2 2s^2 2p^2(1s^2 2s^2 2p_X^1 2p_Y^1)$	⊗ ⊗ ⦸⦸◯ 1s 2s 2p
$_7N$	$1s^2 2s^2 2p^3(1s^2 2s^2 2p_X^1 2p_Y^1 2p_Z^1)$	⊗ ⊗ ⦸⦸⦸ 1s 2s 2p
$_8O$	$1s^2 2s^2 2p^4(1s^2 2s^2 2p_X^2 2p_Y^1 2p_Z^1)$	⊗ ⊗ ⊗⦸⦸ 1s 2s 2p

重要觀念建立 3-19

下列何者違反罕德定則（Hund's rule）？

(A)$p_X^1 p_Y^1 p_Z^1$

(B)$p_X^2 p_Y^1 p_Z^1$

(C)$p_X^2 p_Y^1 p_Z^0$

(D)$p_X^1 p_Y^0 p_Z^1$。

特色解析

答案為C。

罕德定則是數個電子要進入同能階的同型軌域（如$2p_X$、$2p_Y$、$2p_Z$）時，電子須先以相同的自旋方式分別填入不同軌域而不成對，當所有軌域均半填滿後，才允許自旋方向相反的電子依序填入而成對。

故(C)應為$p_X^1 p_Y^1 p_Z^1$，如$_7N$電子組態填法圖示如下：

1s   2s   2p

講堂即時講解

3. 電子組態表示法：

(1) 按主量子數n值的順序排列，同一n值依s、p、d、f的次序，再將各軌域中所含的電子數目寫在符號的右上角。

例：$_{18}$Ar：$1s^2 2s^2 2p^6 3s^2 3p^6$。

(2) 原子序較大時，其內層電子可用前一週期惰性氣體的元素符號加[　]表示，而價電子即為原子中位於鄰近惰性氣體電子組態後面的電子。

例：$_{19}$K：$1s^2 2s^2 2p^6 3s^2 3p^6 4s^1$可表示為$[Ar]4s^1$（價電子：$4s^1$）；

$_{21}$Sc：$1s^2 2s^2 2p^6 3s^2 3p^6 3d^1 4s^2$可表示為$[Ar]3d^1 4s^2$（價電子：$3d^1 4s^2$）。

(3) 特殊電子組態：鉻（$_{24}$Cr）與銅（$_{29}$Cu）的d軌域分別為半滿及全滿，電子組態較安定。

$_{24}$Cr：$1s^2 2s^2 2p^6 3s^2 3p^6 3d^5 4s^1$可表示為$[Ar]3d^5 4s^1$，價電子：$3d^5 4s^1$（6個）。

[Ar]　　⊘⊘⊘⊘⊘　　⊘
　　　　　3d　　　　4s

$_{29}$Cu：$1s^2 2s^2 2p^6 3s^2 3p^6 3d^{10} 4s^1$可表示為$[Ar]3d^{10} 4s^1$，價電子：$3d^{10} 4s^1$（11個）。

[Ar]　　⊗⊗⊗⊗⊗　　⊘
　　　　　3d　　　　4s

4. 基態與激發態之電子組態：
  (1) 通常原子之電子組態在**基態**，若違反構築原理與罕德定則，則為**激發態**。
  (2) 一原子無論在基態或激發態都要遵守庖立不相容原理，違反庖立不相容原理之電子組態不存在。
5. 離子的電子組態：
  (1) 陽離子：由最外層的電子先失去。
    ① 過渡元素原子構築填入電子時先填ns軌域再填$(n-1)$d軌域，但形成陽離子時先失去ns，軌域再失去$(n-1)$d軌域電子。

    例：$_{26}Fe：1s^22s^22p^63s^23p^63d^64s^2$，$_{26}Fe^{3+}：1s^22s^22p^63s^23p^63d^5$。

    ② 同電子數的陽離子與中性原子，其電子組態**可能不同**。

    例：$_{29}Cu^{2+}：1s^22s^22p^63s^23p^63d^9$，$_{27}Co：1s^22s^22p^63s^23p^63d^74s^2$。

  (2) 陰離子：所得到的電子依填軌域原則繼續填入即可。

    例：$_8O：1s^22s^22p^4$，$_8O^{2-}：1s^22s^22p^6$。

  (3) 當中性原子失去電子或獲得電子，使其離子與惰性氣體有相同組態時，特別安定（因符合八隅體原則）。

    如$_{11}Na^+$、$_{12}Mg^{2+}$、$_9F^-$、$_8O^{2-}$與Ne有相同的電子組態。

原子序1～36各原子的基態之電子組態：

元素名稱	電子組態	元素名稱	電子組態
$_1$H	$1s^1$	$_{19}$K	$1s^22s^22p^63s^23p^64s^1$
$_2$He	$1s^2$	$_{20}$Ca	$1s^22s^22p^63s^23p^64s^2$
$_3$Li	$1s^22s^1$	$_{21}$Sc	$1s^22s^22p^63s^23p^63d^14s^2$
$_4$Be	$1s^22s^2$	$_{22}$Ti	$1s^22s^22p^63s^23p^63d^24s^2$
$_5$B	$1s^22s^22p^1$	$_{23}$V	$1s^22s^22p^63s^23p^63d^34s^2$
$_6$C	$1s^22s^22p^2$	※$_{24}$**Cr**	$1s^22s^22p^63s^23p^6$**3d^{5}4s^1**
$_7$N	$1s^22s^22p^3$	$_{25}$Mn	$1s^22s^22p^63s^23p^63d^54s^2$
$_8$O	$1s^22s^22p^4$	$_{26}$Fe	$1s^22s^22p^63s^23p^63d^64s^2$
$_9$F	$1s^22s^22p^5$	$_{27}$Co	$1s^22s^22p^63s^23p^63d^74s^2$
$_{10}$Ne	$1s^22s^22p^6$	$_{28}$Ni	$1s^22s^22p^63s^23p^63d^84s^2$
$_{11}$Na	$1s^22s^22p^63s^1$	※$_{29}$**Cu**	$1s^22s^22p^63s^23p^6$**3d^{10}4s^1**
$_{12}$Mg	$1s^22s^22p^63s^2$	$_{30}$Zn	$1s^22s^22p^63s^23p^63d^{10}4s^2$
$_{13}$Al	$1s^22s^22p^63s^23p^1$	$_{31}$Ga	$1s^22s^22p^63s^23p^63d^{10}4s^24p^1$
$_{14}$Si	$1s^22s^22p^63s^23p^2$	$_{32}$Ge	$1s^22s^22p^63s^23p^63d^{10}4s^24p^2$
$_{15}$P	$1s^22s^22p^63s^23p^3$	$_{33}$As	$1s^22s^22p^63s^23p^63d^{10}4s^24p^3$
$_{16}$S	$1s^22s^22p^63s^23p^4$	$_{34}$Se	$1s^22s^22p^63s^23p^63d^{10}4s^24p^4$
$_{17}$Cl	$1s^22s^22p^63s^23p^5$	$_{35}$Br	$1s^22s^22p^63s^23p^63d^{10}4s^24p^5$
$_{18}$Ar	$1s^22s^22p^63s^23p^6$	$_{36}$Kr	$1s^22s^22p^63s^23p^63d^{10}4s^24p^6$

重要觀念建立 3-20

下列各組離子或原子之電子組態，何組完全相同？

(A)Zn^{2+}，Ni

(B)Fe^{2+}，Co^{3+}

(C)Na^+，F^-

(D)K^+，Cl^-

(E)Ag^+，Cd^{2+}。

解析

答案為BCDE。

(A)Zn^{2+}：[Ar] $3d^{10}$，Ni：[Ar] $3d^8 4s^2$；

(B)Fe^{2+}，Co^{3+}：[Ar] $3d^6$；

(C)Na^+，F^-：[Ne]；

(D)K^+，Cl^-：[Ar]；

(E)Ag^-，Cd^{2+}：[Kr] $4d^{10}$。

深入思考

圖左為 Ca 原子的電子組態，依照構築原理，圖右何者是 Sc 原子的電子組態？（請你自己想答案喔！）

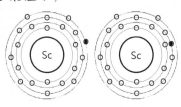

A   B

五、化學鍵與價電子的關係

價電子通常處於原子最外層的部分，故為具有在原子間形成化學鍵能力的電子，意即電子控制了原子的鍵結行為。

1. 離子鍵（ionic bond）與價電子的關係

當電子填滿價殼層時，這時原子最為穩定，因為原子要由填滿的電子殼層中得失電子需要轉移較高的能量。當原子中只有少數1～2個價電子時較不安定，因此價電子甚易被移走而形成**陽離子**，而造成上一層的內層殼層轉變為填滿電子的價殼層；故此類原子。相反的，如果原子價電子的數目較多而接近有8個，此時也相當不安定，它們很容易奪取電子而形成**陰離子**讓價殼層填滿電子。若此時陰陽離子因為庫侖力（靜電力）而結合，即為「離子鍵」。

例舉離子化合物電子點式如下：

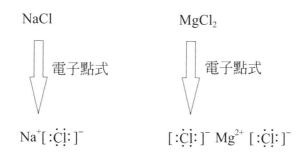

重要觀念建立 3-21

有四種原子：甲、乙、丙、丁其最外層電子組態分別爲 $1s^1$、
$2s^22p^4$、$3s^23p^5$、$3s^2$。若其中兩種原子進行反應形成化合物，則
其原子間的鍵結，何者爲離子鍵？

(A) 甲和乙　(B) 乙和丙　(C) 丙和丁　(D) 甲和丙　(E) 乙和丁。

解析

答案爲CE。

甲爲H原子爲非金屬，乙與丙分別有6個與7個價電子接近全滿容易奪得電
子而形成陰離子，丁只有1個價電子容易失去電子而形成陽離子，故丙與
丁、乙與丁等兩個組合容易形成離子鍵。

小補充

離子化合物氯化鈉 NaCl 的電子點式爲

$Na^+[:\ddot{C}l:]^-$

但常被「共價化」誤寫爲

$Na:\ddot{C}l:$

要特別注意！

物質的基本組成

2. 共價鍵（covalent bond）與價電子的關係

　　原子會利用與鄰近原子共用價電子以滿足「八隅體原則」而形成共價鍵（氫與氦2個價電子即滿足除外）。共用一對價電子形成單鍵、二對則形成雙鍵、三對則為三鍵；若形成共價鍵的價電子對僅由一個原子提供，則稱「配位共價鍵（coordinate covalent bond）」。

　　常見的共價鍵化合物：

CH_4　　　　　　　CO_2　　　　　N_2　　　　　NH_4^+

<pre>
      H   H
      | |
 H — C — H   O = C = O   N ≡ N   H — N — H
      | |
      H   → H⁺
</pre>

　　單鍵　　　　　　　　　雙鍵　　　　　　　叁鍵　　　　配位共價鍵

深 入 思 考

「極性共價鍵」存在於同種原子之間的鍵結，如 Cl_2 的 Cl — Cl；「非極性共價鍵」則是存在於異種原子之間的鍵結，如 CO 的 C — O。

A 元素的最外層電子組態為 ns^2np^5，B 元素的最外層電子組態為 ns^2np^2，若由 A、B 兩元素組成的安定化合物，其分子式為下列何者？

(A)A_4B_7　(B)BA_4　(C)AB_4　(D)A_4B_4。

解析

答案為B。

A為7A族是1價元素，B為4A族是4價元素，故化學式為BA_4。電子點式如下：

小補充

八隅體規則的例外

1.有些化合物或元素雖然不符合八隅體規則，但仍然可以存在。

2.如氫與氦（第一週期）價電子數只需 2 個。

3.缺少電子的 1A、2A、3A 的化合物，如 BeH_2 中的 Be 只有 4 個價電子，BF_3 中的 B 只有 6 個價電子。

4.分子具有的價電子數為奇數者不存在，但 NO、NO_2 例外。

5.第三週期或以上的原子能容納多於 8 個價電子者，如 PCl_5 的 P 有 10 個價電子，SF_6 的 S 有 12 個價電子。

3. 金屬鍵（metallic bond）與價電子的關係

電子能決定元素的電導性（electrical conductivity）。價電子游離能小的原子，在固態時，電子很容易由一原子移至另一原子上。通以電流時，這些電子可自由移動形成電流，這些電子就叫「自由電子」。金屬價殼層中的價電子數目較少，故容易形成自由電子，這是因為價殼層接近全空時，其游離能較低，要使價電子脫離價殼層只需較少的能量。這些自由電子穿梭在金屬原子間，就形成「金屬鍵」。

自由電子　　　　　　自由電子形成的電子海

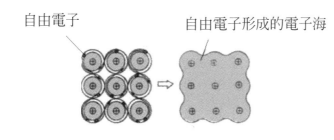

金屬鍵形成

我是自由電子
喜歡穿梭在各原子間
不屬於任何一個原子
所以導電靠我！

那我們結合起來
一起擁有你吧！

自由電子　　　　　　金屬原子群

重要觀念建立 3-23

下列價電子組態何者易形成金屬鍵？

(A)ns^1np^0　(B)ns^2np^2　(C)ns^2np^4　(D)ns^2np^5。

解析

具有空價軌域容易形成金屬鍵，故答案選(A)。

　　有關化學鍵的其他詳細內容，將於本系列「化學反應」一書中詳敘。

章學習重點

1. 道耳吞的原子說以現今觀點而言並不完全正確，但卻是原子發現歷史的一個重要里程碑。

2. 陰極射線是直線前進，為高速運動的粒子束，射線產生與氣體種類或電極材料無關。

3. 密立坎利用油滴實驗測得電子電荷為1.602×10^{-19}庫侖，油滴所帶的電量均為電子電量的簡單整數倍。

4. 陰極射線的粒子（電子）質量極小，故荷質比遠大於任何陽離子之荷質比。

5. 原子內大部分空間為電子佔有，中心有體積極小、帶正電且質量集中的核。模型略似太陽系：絕大部分質量集中在原子核，直徑10^{-14}～10^{-15}m，帶正電；電子在外環繞，直徑為10^{-10}m。

6. 1913年湯木生利用質譜儀發現同位素。同年莫色勒利用電子撞擊不同元素，產生不同頻率的X射線，建立原子序觀念。最後1919年拉塞福以α粒子撞擊氮原子而發現質子。

7. 電中性原子之原子序 = 質子數 = 核外電子數。原子之化性取決於原子序，原子序相同的元素化性相同。

8. 電子質量小幾乎可忽略，故質子數與中子數的和即為「質量數」。

9. 質子是帶+1單位電荷，因為它是由兩個上夸克加上一個下夸克所組成的，合計是$2 \times (2/3) + (-1/3) = +1$。P（質子）=（uud）；中子是電中性，所以它的組合方式是兩個下夸克加上一個上夸克所組成

的，合計是$2 \times (-1/3) + (2/3) = 0$。N（中子）＝（udd）。

10. 光的二重性：海更司的波動性與牛頓的粒子性。

11. 氫原子光譜的特性：

(1)為不連續性的明線光譜，每一條光譜線相對應一條特定頻率的光。

(2)光譜線條分為數群，頻率由高而低依次為來曼系、巴耳麥系、帕申系、布拉克系、普芬土系。

(3)各系列光譜線頻率間隔有規律性：隨著頻率的增加，各譜線的頻率間隔愈小。

12. 拉塞福的原子模型無法解釋：原子之穩定性、明線的原子光譜。而以波耳理論解釋之：氫原子的電子，只能在與原子核一定距離的軌道作圓周運動，亦即電子在運行時，電子將不會放出能量而維持穩定態；氫原子在正常狀態下，其原子核外的電子在最低的能階「基態」，當其吸收外來的能量時，就會躍升到較高能階的「激發態」，激發態原子的電子，從較高能階回到較低能階時，會放出能量，這放出的能量就會產生光譜。

13. 核外電子分布，依電子距原子核的遠近，將其分成若干殼層，最裡面的第一殼層，稱為K殼層，以主量子數$n = 1$表之；其外的第二層稱為L殼層，以$n = 2$表之；第三殼層稱為M殼層，以$n = 3$表之；第四殼層稱為N殼層，以$n = 4$表之。以此類推，離核愈遠電子能量愈高。每一殼層最多可容納$2n^2$個電子。

14. 主族（A族）元素的族數即為價電子數。

15. 電子出現的區域稱為「軌域」，在量子力學的原子模型中，需用主

量子數n、角動量子數ℓ、磁動量子數m_ℓ來描述一個原子軌域，加上第四個量子數自旋量子數m_s來顯示電子本身的自旋。

16.多電子原子的電子組態需遵循以下三項原則，依次進入各軌域。

(1)構築原理。

(2)庖立不相容原則。

(3)罕德定則。

17.價電子通常處於原子最外層的部分，故為具有在原子間形成化學鍵能力的電子，亦即電子控制了原子的鍵結行為。

18.陰陽離子因為庫侖力（靜電力）而結合，即為「離子鍵」；原子會利用與鄰近原子共用價電子以滿足「八隅體原則」而形成共價鍵；自由電子穿梭在金屬原子間，就形成「金屬鍵」。

學習上易犯錯的地方與注意事項

1. 因元素有同位素的存在，故同一種元素的原子（^{16}O、^{17}O）質量可以不相同；反之，如同量素相同質量的原子（^{14}C、^{14}N），也可以是不同元素的原子。

2. 陰極射線的產生與氣體種類或電極材料無關。

3. 陰極射線會受到磁場的作用，但並非偏向磁場的N極。

4. 「原子質量」、「原子量」、「平均原子量」、「質量數」等名詞意義完全不同，學生極易混淆：

   (1)原子質量：原子實際質量。

   (2)原子量：原子質量與碳12原子質量的比值。可能有小數。

   (3)平均原子量：即週期表上所載之原子量。若元素M自然界中存在之同位素M_1有a%，M_2有b%，M_3有c%……等，則平均原子量$M = M_1 \times a\% + M_2 \times b\% + M_3 \times c\% + \cdots\cdots$。

   (4)質量數：質子數＋中子數，必為整數。

5. 電子由較高能階回到較低能階時，放出特定頻率的能量；電子吸收輻射能躍遷至較高能階的狀態，稱為激發態。

6. 「價」在化學上的意義是「最外圍」的意思，最外圍的殼層稱「價殼層」、最外圍的軌域為「價軌域」；價電子是指位於原子最外層電子殼層或稱價殼層中的電子。但過渡元素的價電子也可能出現在較內殼層的d軌域。

7. 原子或離子中僅含1個電子，其軌域能量高低僅由主量子數n決定，主量子數相同，則軌域能量相同，主量子數愈大，則軌域能量愈大。多電子原子軌域能量大小由n＋ℓ決定。(n＋ℓ)值愈

大，其能階愈高；$(n+\ell)$值相同時，則n值愈大，其能階愈高。

8. 鉻（$_{24}$Cr）與銅（$_{29}$Cu）的d軌域分別為半滿及全滿，電子組態較安定。

9. 同電子數的陽離子與中性原子，其電子組態可能不同。

10. 原子會利用與鄰近原子共用價電子以滿足「八隅體原則」而形成共價鍵，但氫與氦2個價電子即滿足除外。

第四章 元素週期表

本章導讀

整理，是求學問相當重要的事。

但是要如何做整理，這又是另一門學問了。

歷史上許多科學家為元素該如何依它們的性質做整理以及適當的排列傷透了腦筋，門德列夫為何斷敢預言他所有留下的空格有一天終會被填滿？

週期表到底內涵在哪裡？

以原子量排列與以原子序排列，差別真的有那麼大嗎？

為何要這樣排週期？為何要把它們歸為同一族？

週期有何意義？

同一族又有何意義？

族名與週期的數字只是排列上的代號嗎？

同週期的原子居然原子序越大直徑越小？

週期表中，元素性質的規律性內涵多多，

所以才有人說：「記好週期表，大學聯考的化學科至少可以得一半以上的分數！」

現在，我們就來感受一下這群科學家的神乎其技吧！

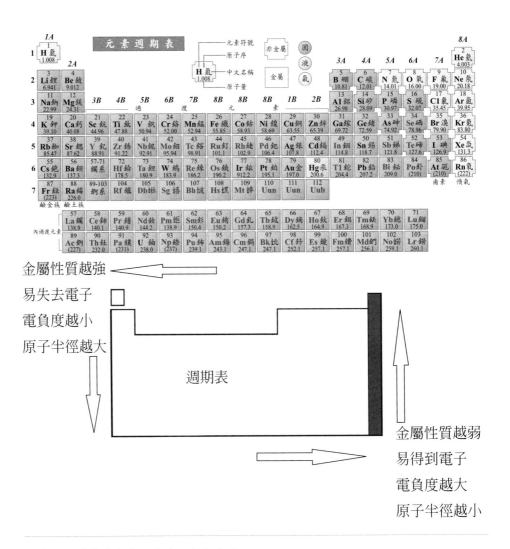

元素週期表

金屬性質越強
易失去電子
電負度越小
原子半徑越大

週期表

金屬性質越弱
易得到電子
電負度越大
原子半徑越小

本書加＊號處為高中程度應理解之內容。

整理，是件相當繁瑣的工作，所以古今中外，能夠發明一種有意義、讓所有人認同的整理方式，絕對是一項偉大的發明！生物界的分類與命名，首推林奈氏（Carl von Linné）所使用的二名法；而化學最重要的元素分類，沒有人會否認就是門德列夫所奠基的現代週期表。

　　週期表上所載絕對不是只有元素符號、原子序或是平均原子量而已，七週期的每一週期、十八族的每一族，都具有非常重要的意義。特別的是每個元素在週期表上的位置，都是經過精心研議來決定位置的，所以，知道元素在週期表的位置，就等於知道這個元素的一切性質。

① 元素週期表的成型

　　這天，筱云、綺瑩、翔宇同學，下課之後居然沒有立刻回家，還在聊著剛剛上課的內容。

　　「怎麼連化學都有歷史呀！」筱云嘟著嘴，「我就是不喜歡社會科才決定就讀自然組的。」

　　「不會呀，知道化學史就可以知道所有化學研究的前因後果，感覺上好像是在認識一個人、知道一件事一樣，感覺很八卦呢！」綺瑩倒是很興奮。

　　「咳！」

　　「老師來了！」我忽然出現，好像讓三個人都嚇一跳。

　　「嗯，你們剛剛說的我都聽見了，翔宇，你覺得呢？」

　　只見翔宇抓著腦袋，一臉尷尬地說：「老師，我沒有看法，我只有問題。我的問題是：為甚麼B族元素又稱為『過渡元素』？」

一、元素週期表的意義

　　化學元素週期表現今是根據原子序從小至大排序的化學元素列表。目前列表大體呈兩邊高聳、中間陷落、於下還外加補充兩列的長方形。由於能夠準確地預測各種元素的特性關係，因此週期表在化學及其他科學範疇中已被廣泛使用。

　　現代的週期表由門德列夫於1869年首先製出格式，然隨著新元素的發現和理論的發展，週期表的外觀已經過改變及擴張。在門德列夫發明週期表的當時，他也曾以填補週期表中空格的論點，來預測了一些當時未知元素的特性，而其後發現的新元素的確有相似的特性，使得門德列夫的預測得到證實。

二、化學元素列表歷史 [*]

1. 1789年，拉瓦節（A. Lavoisier）發佈了包括33種化學元素的列表，他將化學元素歸類為氣體、金屬、非金屬和土質。

2. 1829年，德貝萊納（J. W. Döbereiner）觀察到許多元素能根據化學特性三個成組，且當每組的三個元素按原子量排列時，第二個元素的原子量往往大約是第一和第三個元素原子量的平均。這之後被稱為三合律（Law of Triads）。而後德國化學家蓋墨林（L. Gmelin）與法國杜馬（J. A. Dumas）還使用這個系統，辨認出更多群組的化學元素與描述了不同金屬組之間的關係。

3. 1858年，德國化學家凱庫勒（F. A. Kekulé von Stradonitz）曾於觀察到碳和其他元素通常以1：4的比例結合，這個概念後來形成「化合價數」的概念。1864年，德國化學家邁耶爾（J. L. Meyer）發表以化合價數排列的

元素表，自該表得知：相似特性的元素有相同的化合價數。

4. 1865年，英國化學家紐蘭（J. A. R. Newlands）提出：當元素根據原子量從小至大排列後，相似的物、化特性會以每8個元素的週期重複，並將此比喻爲音樂中的八度，隨後還畫出一張元素列表，並依此預測了新的元素。

三、門德列夫週期表

俄羅斯化學教授門德列夫（Mendeléev）和德國化學家邁耶爾分別在1869年和1870年獨立發表了他們的週期表。不約而同地，他們的週期表格式相似：都是以原子量橫向或直向來排列元素，並在元素特性重複時另排一行或一列。但門德列夫列表的成功是由於兩點：

1. 他在週期表中留下空格，並預測許多還沒有發現的元素及其特性（如鎵和鍺）。

2. 週期表中的元素排列有時不依原子量排序，而與相鄰的元素互換。現在我們知道這是依照原子序來排列的。

課堂即時講解

下列哪位化學家依原子量由小而大排列成週期表，並在表中留出若干空位置，預言這些空位置是一些尚未發現的元素，且預言這些尚未發現的元素的性質？

(A) 邁耶爾（Meyer）

(B) 紐蘭（Newlands）

(C) 門德列夫（Mendeleev）

(D) 莫色勒（Moseley）。

解 析

答案為C。

依原子量由小而大排列成週期表，並在表中留出若干空位置，預言這些空位置是一些尚未發現的元素，且預言這些尚未發現的元素的性質的科學家是**門德列夫（Mendeleev）**。

特色解析

其他科學家成就如下：

邁耶爾（Meyer）發表以化合價數排列的元素表，自該表得知：相似特性的元素有相同的化合價數。

紐蘭（Newlands）提出：當元素根據原子量從小至大排列後，相似的物、化特性會以每8個元素的週期重複，並將此比喻為音樂中的8度，隨後還畫出一張元素列表，並依此預測了新的元素。

莫色勒（Moseley）利用陰極射線撞擊金屬產生X射線，發現核電荷越大，

X射線頻率就越高，因此認為核電荷決定元素化學性質，並將元素依照核的正電荷（即質子數或原子序）排列，經過多年修訂之後先成為現今週期表。

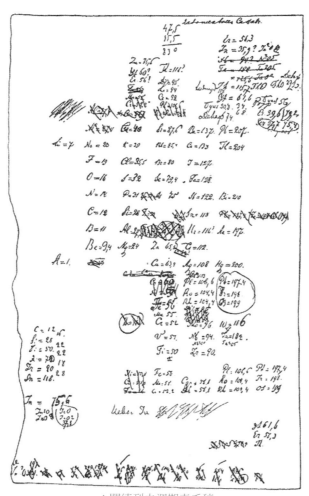

▲門德列夫週期表手稿

重要觀念建立 4-2

關於門德列夫週期表，以下敘述何者正確？

(A) 依據元素原子量順序排列

(B) 同族元素具有相似的化學性質

(C) 預測了當時尚未發現的一些元素的性質

(D) 利用週期表的規則來推定一些元素原子量可能測量錯誤

(E) 此即現今所通用的週期表。

解析

答案為ABCD

關於門德列夫週期表，是依據元素原子量順序排列，且同族元素具有相似的化學性質，並預測了當時尚未發現的一些元素及其性質，也利用週期表的規則來推定一些元素原子量可能測量錯誤，但並不是現今所通用的週期表。

特色解析

現今週期表經多年修訂，雖以元素原子序順序排列，卻是以門德列夫週期表為雛型製成的。

2 現代週期表

「為甚麼B族元素又稱為『過渡元素』？呵呵。」我笑著說，「這是有原因的。」

「什麼原因呢？」三人異口同聲。

我故意喝一口水，慢條斯理地賣賣關子。

「門德列夫原本當時認為這些元素夾在兩個性質週期之間，所以認為這些元素的性質是兩週期之間的過渡，但這個說法現在已沒有意義，目前我們就統稱這類元素為B族元素。」

「是的，我想起來了！」翔宇似乎靈光一閃，「B族元素與其它元素的不同，就是有d軌域為其價軌域。」

「給你拍拍手喔！」兩位美女同學一起對翔宇做鬼臉。

一、排列格式與依據 *

在門德列夫創造元素週期表後，化學家就不斷在自然界中發現新的元素，於是，當初的空格就慢慢被填補了起來。1913年英國科學家莫色勒（H. G. J. Moseley）利用陰極射線撞擊金屬產生X射線，發現核電荷越大，X射線頻率就越高，因此認為核電荷決定元素化學性質，並將元素依照核的正電荷（即質子數或原子序）排列，經過多年修訂之後先成為現今週期表。

隨著有關原子內電子排列的量子力學理論的發展^{（註）}，發現週期表中

（註）詳見本書第三章內容。

的**每一個週期**對應於填充一個**電子殼層**^{（註1）}，因此，較大的原子擁有更多的電子殼層，現代的週期表排列較後面的週期長度較長，並在通過製造超鈾元素之後，週期表經過了極大的擴充。

元素週期表中，每個元素的各個**同位素**都在同一格中表示，並依照其原子序順序排列，每個元素格內通常有幾項元素的基本特性會被註明（如原子序、元素符號、名稱以及平均原子量等）。當電子開始填充新的電子殼層時，排列就另起一「行」、也就是新的週期。元素的電子價殼層擁有的電子數（價電子數），決定元素的「列」。化學性質相似的元素，在週期表中歸在同一族中。

一個元素的主要特性的主要決定因素是其電子排列與分布，其中價電子殼層、軌域與電子數最為重要。週期表中的「族」、「週期」以及「區」就是依據這些規則來制定排列。

二、族（行）

價電子的數量則決定元素所屬的「族」。

「族」指的是週期表中的一行。在同族中，各個元素之間有著相似的特性，根據國際命名系統，自左至右為第1至第18族，某些族因為特性的相似性高^{（註2）}或趨勢明顯^{（註3）}，還另有俗名，如鹼金族、鹼土族、鹵素和惰

（註1）詳見本書本節三「週期」之內容。

（註2）現代量子力學理論支持：因為同一族中的元素在價電子殼層的組態相同，所以能夠解釋許多的族內相似特性。

（註3）同族的元素在原子半徑、電子游離能及電負度^{（註4）}都有相同的模式。自上而下，族內元素的原子半徑增加、價電子距離原子核更遠，而元素的電

性氣體等。

三、週期（列）

原子中電子殼層的數量決定元素的「週期」。

「週期」指的是週期表中的一列。儘管「族」是化學元素最常見的分類方法，但是有些元素的橫向趨勢比直向趨勢更爲明顯，如鑭系元素和錒系元素。

原則上，同一週期的元素在原子半徑、電子游離能、電子親和力及電負度[註]都有趨勢。相同週期中，自左至右的元素原子半徑會**降低**（**容易誤解處**！一般人會誤以爲原子序越大、電子數越多、原子半徑會增加），因爲質子數增加核電荷越大、對電子引力越大，會使電子距離原子核更近。下降的原子半徑也使電離能增加，因爲半徑越小的原子中引力越大，移除電子所需的能量就越高。相同的原理，也因此，使元素的電負度增加。而同一個週期中，電子親和力有增加的趨勢，惰性氣體除外。*

四、價軌域區塊 *

原子最外層的電子所在的軌域將決定元素所屬的「區塊」。

由於外層電子的重要性，因此週期表中不同的區域可以畫分幾個「區塊」，並根據最後一顆電子所在的價軌域命名。s區塊包括首兩族（鹼金屬和鹼土金屬），再加上氫和氦、p區塊包括13至18族、d區塊包含3至12族、

子游離能則有下降的趨勢，因爲越遠的電子越容易被移除。而電負度下降是因爲價電子和原子核的距離更遠。

（註）「電負度」爲原子搶奪其他原子電子的能力，電負度越大，則非金屬性越強。

第四章　元素週期表

143

f區塊通常整個顯示在週期表的下方，包含所有的鑭系元素和錒系元素。

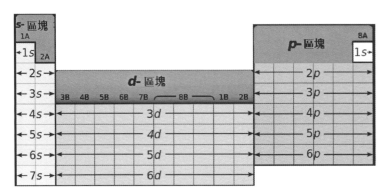

深入思考

有關「主量子數」的部分，通常在週期表上就是「週期數」。但在第四週期，s軌域與p軌域主量子數為4，而d軌域的主量子數卻為3，另外其它週期的f軌域也有這個現象，這是為什麼呢？

（請你自己想答案喔。）

重要觀念建立 4-3[*]

元素之週期律：由 Li 到 Ar 的各元素之價電子數與原子序間之關係圖為哪一個？（縱軸代表各元素之價電子數；橫軸代表原子序）：

(A) 　(B)　(C)　(D)　(E)

解析

答案為A。

價電子數每增加8即滿足（八隅體原則）至下一週期。

特色解析

圖示如下：

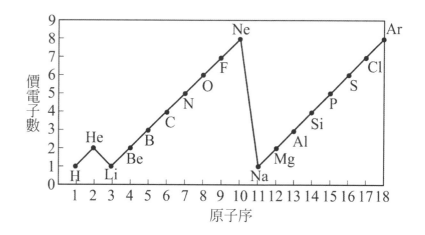

重要觀念建立 4-4[*]

週期表中同列元素之原子半徑隨原子序之增加而：

(A) 遞減

(B) 遞增

(C) 先減後增

(D) 先增後減。

解析

答案為A。

核電荷愈高，對電子引力愈大，故原子半徑遞減。

特色解析

一般認為原子序越大電子數越多，核半徑應越大。事實上的確應如此，只是同週期（列）的電子殼層數相同，核電荷愈高，對電子引力愈大，故原子半徑遞減。此為**重要觀念**！

課堂即時講解

有關新、舊週期表的敘述，下列何者正確？

(A)門德列夫將當時已知元素按照原子序的大小排列，並將化學性質相近的元素歸納成同一組而發表元素週期性

(B)門德列夫提出元素的週期律

(C)門德列夫預測當時尚未發現的元素及其特性

(D)門德列夫更正測量錯誤的原子量

(E)莫色勒觀測由元素所放射出的 x 射線特有頻率，提出以原子量代替原子序來排列週期表。

解析

答案為BCD。

(A)門德列夫是將當時已知元素按照**原子量**的大小排列；

(E)莫色勒提出以**原子序**代替**原子量**來排列週期表。

雖說門德列夫週期表是以 原子量 排列順序與今日週期表以 原子序 排列順序不同，但看起來不是一樣嗎？

有嗎?完全一樣嗎? 請你仔細瞧瞧喔~

3　重要的化學元素族

「好，那我問你們，鹼土金屬所形成的化合物容不容易溶於水？」我再提出問題。

三位同學想了好久。綺瑩先小聲地說：「我記得，鹼土族與過渡金屬，和氫氧根、碳酸根、亞硫酸根以及磷酸根所形成的鹽類難溶。」

「嗯，」筱云也小聲對著綺瑩說：「我也記得，鹼土金屬氧化物都是難溶於水的白色粉末。」

聽完他們的想法，我與兩位女同學都一起望向翔宇。

「喔……我認為是難溶於水！因為鹼土族的命名由來是因為它們均為『造土元素』，既然是土，就不容易溶於水，否則下一場雨，整個陸地不就溶解光光了嗎？」

「哈哈哈哈哈，給你拍拍手！」我高聲笑了起來。

三位同學以奇怪的眼神看著我。

一、鹼金族

鹼金族是指在元素週期表中六個金屬元素：鋰Li、鈉Na、鉀K、銣Rb、銫Cs、鍅Fr。根據IUPAC規定，鹼金族屬於元素週期表中的第1族元素。鹼金族均有1個屬於s軌域的最外層電子，因此這一族屬於的區塊是元素週期表的s區。氫H在名義上屬於第1族，但顯現的化學性質和鹼金屬相差甚遠，因此通常不被認為是鹼金屬。[*]

鹼金屬的性質：

1. 為銀白色的金屬，密度小，熔點和沸點都比較低，標準狀況下有很高的反應活性。

2. 易失去價電子形成帶+1電荷的陽離子。

3. 質地軟，可以用刀切開，露出銀白色的切面；由於和空氣中的氧氣反應，切面很快便失去光澤。由於鹼金屬化學性質都很活潑，一般將它們放在**礦物油**中或封在稀有氣體中保存，以防止與空氣或水發生反應。

4. 鹼金屬都能和水發生激烈的反應，生成強鹼性的氫氧化物並釋放出氫氣。隨著原子序增大、反應活性越強。

5. 除鋰化物，化合物均**易溶於水**。

▲鹼金族金屬儲存在礦物油中

鹼金族元素主要性質如下表：

	標準原子量（u）	熔點	沸點	密度（g/cm³）	電負度	電子游離能（kJ·mol⁻¹）	原子半徑（pm）	焰色反應
鋰	6.94	180.54℃	1342℃	0.534	0.98	520.2	152	紅色
鈉	22.99	97.72℃	883℃	0.968	0.93	495.8	186	橙黃色
鉀	39.10	63.38℃	759℃	0.89	0.82	418.8	227	粉紫色
銣	85.47	39.31℃	688℃	1.532	0.82	403.0	248	紫紅色
銫	132.91	28.44℃	671℃	1.93	0.79	375.7	265	藍紫色
鍅	[223]	? 27℃	? 677℃	? 1.87	? 0.7	380	?	?

重要觀念建立 4-6*

有關鹼金屬元素之一般通性，下列各項敘述何者正確？

(A) 均較其同週期任何元素有較大之原子半徑
(B) 此族元素在化合物中皆為 +1 價
(C) 置於水中，則與水作用而驅出其氫
(D) 其碳酸鹽及草酸鹽難溶於水
(E) 其氫氧化物難溶於水。

解析

答案為ABC。

(D)、(E)其化合物均易溶於水。

特色解析

鹼金族為IA族，為**每週期的第一個元素**，故有**最大的原子半徑**，易失去價電子形成**帶+1電荷的陽離子**。

鹼金族元素都能和水發生激烈的反應，生成強鹼性的氫氧化物並釋放出**氫氣**。如金屬鈉與水反應產生氫氧化鈉與氫氣。

二、鹼土族

　　鹼土族指的是元素週期表上第2族的六個金屬元素，包括鈹Be、鎂Mg、鈣Ca、鍶Sr、鋇Ba和放射性元素鐳Ra。鹼金族均有2個屬於s軌域的最外層電子，因此這一族屬於的區塊是元素週期表的s區。[*]

　　鹼土族元素的性質：

1. 銀白色、比較軟的金屬，密度比較小。
2. 鹼土金屬在化合物中是以+2的氧化態存在。鹼土金屬原子失去電子變為陽離子時，最外層一般是8個電子，但鈹離子最外層只有2個電子。[*]
3. 鹼土金屬之離子半徑、標準氧化電位、氫氧化物的鹼度、氧化物的溶解度等隨其原子序之增加而增大；另因水合能與電荷密度有關，即離子電荷數相同時，半徑愈大，水合能愈小。[*]
4. 鹼土金屬具有很好的延展性，可以製成許多合金，如鎂鋁合金。活性普遍很大，但化合物對水溶解度普遍很小，為造土主要元素。

　　鹼土族元素主要性質如下表：

	原子半徑（pm）	密度（g/cm³）	熔點（℃）	沸點（℃）	電負度	焰色
鈹	105	1.848	1278	2970	1.5	無焰色
鎂	150	1.738	650	1090	1.2	無焰色
鈣	180	1.55	842	1484	1.0	磚紅色
鍶	200	2.63	777	1382	1.0	紅色
鋇	215	3.510	727	1870	0.9	蘋果綠
鐳	215	5.000	700	1737	0.9	–

鹼土金屬之何項性質隨其原子序之增加而增大？

(A)M^{2+} 之離子半徑

(B)標準氧化電位

(C)氫氧化物的鹼度

(D)氧化物的溶解度

(E)M^{2+} 離子的水合能。

解析

答案為ABCD。

水合能與電荷密度成正比

(E)M^{2+}的水合能與電荷密度有關，即離子電荷數相同時，半徑愈大，水合能愈小。

▲泥土中含有大量的鹼土族元素

三、碳族

碳族元素是元素週期表的第14族元素，自然界存在的元素包括碳（C）、矽（Si）、鍺（Ge）、錫（Sn）、鉛（Pb）。[註]

碳族元素在化合物中一般可以呈現+4、+2等化合價數，原子最外層都有4個電子。*

主要性質如下表：

	原子半徑（pm）	主要化合價	密度（g/cm³）	熔點（℃）	沸點（℃）
碳	77	0，+2，+4	2.25（石墨）	3550	4827
矽	117	0，+2，+4	2.33	1410	2355
鍺	122	0，+2，+4	5.35	937.4	2830
錫	141	0，+2，+4	7.28	231.9	2260
鉛	175	0，+2，+4	11.34	327.5	1740

（註）碳是本族構造最簡單的元素，有許多如石墨、鑽石、巴克球等同素異形體，另一元素矽則為半導體的主要成分，詳請參閱本書第二章內容。另有關其網狀共價結構，則請參閱本系列「化學反應」一書。

重要觀念建立 4-8*

碳與矽是屬於同一族的元素，下列有關二氧化碳及二氧化矽這

兩種元素的氧化物的敘述，何者不正確？

(A)均為分子固體

(B)二氧化碳的熔點比二氧化矽的熔點高

(C)室溫時，二氧化碳與二氧化矽都是氣體

(D)僅 CO_2 可溶於水，且呈酸性

(E)C—O 及 Si—O 皆為單鍵。

解析

答案為ABCE。

(A)SiO_2為共價網狀固體；

(B)SiO_2>CO_2；

(C)SiO_2是固體；

(E)O = C = O，雙鍵。

特色解析

二氧化矽是共價網狀固體，晶格上是原子為單位，而二氧化碳是分子化合物，晶格上是分子為單位。

二氧化碳為氣體，而二氧化矽為固體，所以二氧化碳的熔點比二氧化矽的熔點低。網狀共價固體的熔沸點都較高。（詳參本系列「化學反應」一冊）

四、氮族 *

氮族元素是元素週期表的第15族，包括的元素有氮（N）、磷（P）、砷（As）、銻（Sb）、鉍（Bi）。氮元素在化合物中可以呈現−3，+3，+5等多種化合價，原子最外層有5個電子。其中非金屬（氮、磷、砷）的氣態氫化物化學式可用RH_3表示，而最高氧化數的氧化物的化學式可用R_2O_5表示。砷雖是非金屬，卻已表現出某些金屬性（類金屬），而銻、鉍卻明顯表現出金屬性。

氮為空氣中成分最多的元素，活性並不大。磷有許多如白磷（黃磷P_4）、紅磷等同素異形體，在空氣中充分燃燒可得氧化磷P_2O_5，在有催化劑存在的情況下，和水經過若干反應生成H_3PO_4磷酸，具強脫水性；若在空氣不充分下氧化，則得另一種白色晶體P_4O_6。

主要性質如下表：

	原子半徑（pm）	主要化合價	STP狀態	密度	熔點（℃）	沸點（℃）
氮	75	−3，0，+1，+2，+3，+4，+5	氣體	1.251g/L	−209.9	−195.8
磷	110	−3，0，+3，+5	固體	1.82g/cm^3（白磷）	44.1	280
砷	121	−3，0，+3，+5	固體	5.727g/cm^3	817	613
銻	141	0，+3，+5	固體	6.684g/cm^3	630.7	1750
鉍	152	0，+3，+5	固體	9.80g/cm^3	271.3	1560

重要觀念建立 4-9

磷與氮在週期表上同屬一族，而磷在空氣中充分燃燒可得氧化磷（實驗式為 P_2O_5），若在空氣不充分下氧化，則得另一種白色晶體。下列有關氮與磷物質的敘述，何者正確？

(A)磷在空氣不足的條件下氧化，所得晶體為 P_4O_6

(B)P_4O_6 溶於水中即得磷酸

(C)P_2O_5 可當乾燥劑使用

(D)K_2HPO_4 與 NH_4Cl 中，氮與磷的氧化數相同

(E)磷可用 3d 軌域參與鍵結，而氮卻不可。

解析

答案為ACE。

(B)P_2O_5溶於水中始得磷酸。

(D)K_2HPO_4：+5，NH_4Cl：−3。

(E)磷為第三週期元素，故可用3d軌域參與鍵結。

有趣文章分享

四、氧族

氧族元素是元素週期表第16族元素，自然界存在的元素包含氧（O）、硫（S）、硒（Se）、碲（Te）、釙（Po）五種元素，其中釙為金屬，碲為類金屬，氧、硫、硒是典型的非金屬元素。在標準狀況下，除氧為氣體外，其他元素均為固體。

在和金屬元素化合時，氧、硫、硒、碲四種元素通常為−2氧化數；但當硫、硒、碲處於它們的酸根中時，最高氧化數可達+6。[*]

氧是空氣成分中含量佔第二名的元素，也是生命賴以生存的氣體，化學上收集氧氣的方法有液態空氣的分餾、雙氧水或氯酸鉀以二氧化錳催化、以及氧化汞的加熱等。硫在化學上的最重要為製造硫酸與火藥（詳見第二章）。

氧族元素主要性質的比較：

	原子半徑（pm）	主要化合價	STP狀態	密度（g/cm³）	熔點（℃）	沸點（℃）
氧	74	0，−2	氣體	1.43	−218.4	−183
硫	103	0，+2，+4，+6	固體	2.07	112.8	444.6
硒	116	0，+2，+4，+6	固體	4.81	217	684.9
碲	143	0，+2，+4，+6	固體	6.25	452	1390
釙	190	0，+2，+4	固體	11.34	254	962

重要觀念建立 4-10

下列何種方法可以得到氧？

(A) 加熱紅色的氧化汞

(B) 將鹽酸與貝殼反應

(C) 分餾液態空氣

(D) 在二氧化錳催化下，加熱氯酸鉀

(E) 鹼金屬與水作用，所冒之氣泡。

解析

答案為ACD。

(B)二氧化碳；(E)氫氣。

特色解析

(A)加熱紅色的氧化汞是普力士利（Joseph Priestley）利用排汞集氣法製氧的實驗。

(B)碳酸鹽類與酸反應，必定生成二氧化碳氣體。除本選項鹽酸與貝殼反應外，常見的反應還有以碳酸氫鈉（小蘇打）與硫酸反應生成二氧化碳為原理的酸鹼式滅火器。

(C)利用不同氣體沸點不同的特性，自溫度極低的液態空氣中分離出氧氣。成本低，但所得氧氣較不純，所以屬於工業上的製法。

(D)在二氧化錳催化下，加熱氯酸鉀或雙氧水，皆可生成氧氣。

(E)鹼金屬與水作用會生成氫氣並釋放出熱量，若反應激烈甚至會起火。

除以上方法，**電解水製氧**也是一個很好的製造氧氣法。

五、鹵素

鹵素是元素週期表上的第17族元素，包括氟（F）、氯（Cl）、溴（Br）、碘（I）、砈（At），是典型的非金屬。

鹵素的電子組態均為ns^2np^5，它們可獲取一個電子以達到穩定結構的趨勢極為強烈，一般化合價數為−1價，即X^-的形式。*

鹵素的元素狀態都是雙原子分子，熔點和沸點隨原子序的增大而增加。常態下，氟、氯是氣體、溴是液體，碘和砈是固體。除氟之外（恆為−1價），其他鹵素元素可以顯示多種價態，它們的含氧酸根[註]中就呈現出多種正價態，如：

+1：HXO（次鹵酸）

+3：HXO_2（亞鹵酸）

+5：HXO_3（鹵酸）

+7：HXO_4（過鹵酸）*

▲鹵素燈，強光又省電

（註）鹵素的含氧酸均有氧化性，同一種元素中，以次鹵酸的氧化性最強。

重要觀念建立 4-11[*]

有關鹵素含氧酸的敘述，下列何者正確？

(A) 氟沒有含氧酸

(B) 溴也有亞鹵酸

(C) 過氯酸最安定

(D) 次碘酸氧化力最強

(E) 氯酸中，氯的氧化數為 +5。

解 析

答案為ABCE。

(D)應為**次氯酸**。

特色解析

鹵素含氧酸當中的鹵素除氟之外，氧化數由+1、+3、+5到最高+7價。依照所含的氧的數目，由1到4依序稱為次鹵酸（hypohalous acid，HXO）、亞鹵酸（halous acid，HOXO）、鹵酸（halic acid，$HOXO_2$）、過鹵酸（hyperhalic acid，$HOXO_3$）等。由於鹵素含氧酸的鹵素的氧化數為正，可以透過鹵素的還原，來氧化許多的物質，故鹵素含氧酸都具有強氧化性。

過鹵酸在鹵素含氧酸中最為安定（其中過氯酸最安定），卻具有最強的氧化力。

六、惰氣

　　惰氣是指元素週期表上的第18族元素。在常溫常壓下，都是無色無味的**單原子分子**存在，很難進行化學反應。天然存在的有六種，即氦（He）、氖（Ne）、氬（Ar）、氪（Kr）、氙（Xe）和具放射性的氡（Rn）。惰氣還有「鈍氣」、「稀有氣體」、「貴重氣體」、「高貴氣體」等別稱。

　　惰氣的最外電子層的電子已達成八隅體狀態，所以性質非常穩定。經氣體液化和分餾方法可從空氣中獲得氖、氬、氪和氙，而氦氣通常自天然氣中提取，氡氣則由鐳化合物經放射性衰變後分離出來。主要應用方面：

1. 氦：應用在深海潛水以防潛水夫症；另一方面，由於氫氣非常不穩定，容易燃燒和爆炸，現今的飛艇及氣球都採用氦氣替代氫氣。

2. 氖：填充入霓虹燈管發出紅光；亦可應用在信號彈的材料中。

3. 氬：氬和氮的混合氣體是白熾燈中填充的保護氣，焊接時也可以防止高溫的金屬氧化。

4. 氪：可降低燈絲的蒸發率而常用於色溫和效率更高性能白熾燈泡。

5. 氙：氙通常用於氙燈，因為它的光譜與日光相似，這種燈可用於電影放映機和汽車前燈等。

影片講解

重要觀念建立 4-12

下列有關鈍氣的敘述，何者正確？

(A) He 可作為預防潛水病之用

(B) 潛水病是因血液中溶入太多氮氣造成的

(C) 紅色的霓虹燈管內充氖氣

(D) 燈泡中常灌充氬氣以延長壽命

(E) 自然界中已存 Xe 的化合物被發現。

解 析

答案為ABCD。

(E)自然界中並未有惰氣的化合物被發現。

小 補 充

　　氦通常提取自天然氣，氖、氬、氪和氙都是從空氣中使用氣體液化的方法獲得的：先將各種氣體液化，再根據沸點不同來分餾。而氡可以從鐳化合物放射性衰變的產物中分離出來。稀有氣體的價格取決於他們的自然界存在的比例多寡，因此氬最便宜而氙最昂貴。

1. 化學元素週期表現今是根據原子序從小至大排序的化學元素列表，由於能夠準確地預測各種元素的特性關係，因此週期表在化學及其他科學範疇中已被廣泛使用。

2. 現代的週期表由門德列夫於1869年首先製出格式：橫向或直向來排列元素，並在元素特性重複時另排一行或一列。然隨著新元素的發現和理論的發展，週期表的外觀已經過改變及擴張。

3. 門德列夫發明週期表曾以填補週期表中空格的論點，來預測了一些當時未知元素的特性，而其後發現的新元素的確有相似的特性，使得門德列夫的預測得到證實。而其週期表中的元素排列有時不依原子量排序，而與相鄰的元素互換，此與現今依照原子序來排列的週期表相同。

4. 1913年英國科學家莫色勒（H. G. J. Moseley）利用陰極射線撞擊金屬產生X射線，將元素依照核的正電荷（即質子數或原子序）排列，經過多年修訂之後先成為現今週期表。

5. 元素週期表中，每個元素的各個同位素都在同一格中表示，並依照其原子序順序排列。當電子開始填充新的電子殼層時，排列就另起一週期。化學性質相似的元素，在週期表中歸在同一族中。價電子的數量則決定元素所屬的「族」。

6. 原子中電子殼層的數量決定元素的「週期」。同一週期的元素在原子半徑、電子游離能、電子親和力及電負度都有趨勢。相同週期

中，自左至右的元素原子半徑會降低。另原子最外層的電子所在的殼層將決定元素所屬的「區塊」。

7. 鹼金族為銀白色的金屬，易失去價電子形成帶+1電荷的陽離子，一般將它們放在礦物油中或封在稀有氣體中保存，以防止與空氣或水發生反應。能和水發生激烈的反應，生成強鹼性的氫氧化物並釋放出氫氣。隨著原子序增大、反應活性越強。除鋰化物，化合物均易溶於水。

8. 鹼土族元素為銀白色、比較軟的金屬，密度比較小。化合物中是以+2的氧化態存在，失去電子變為陽離子時，最外層一般是8個電子，但鈹離子最外層只有2個電子。離子半徑、標準氧化電位、氫氧化物的鹼度、氧化物的溶解度等隨其原子序之增加而增大；另因水合能與電荷密度有關，即離子電荷數相同時，半徑愈大，水合能愈小。化合物對水溶解度普遍很小，為造土主要元素。

9. 碳族元素是元素週期表的第14族元素，在化合物中一般可以呈現+4、+2等化合價數，原子最外層都有4個電子。

10. 氮族元素是元素週期表的第15族，在化合物中可以呈現−3，+3，+5等多種化合價，原子最外層有5個電子；砷雖是非金屬，卻已表現出某些金屬性，而銻、鉍卻明顯表現出金屬性。

11. 氧族元素是元素週期表第16族元素，其中釙為金屬，碲為類金屬，氧、硫、硒是典型的非金屬元素。在標準狀況下，除氧為氣體外，其他元素均為固體。和金屬元素化合時，氧、硫、硒、碲四種元素通常為−2氧化數；但當硫、硒、碲處於它們的酸根中時，最高氧化數可達+6。

12. 鹵素是元素週期表上的第17族元素，一般化合價數為–1價。元素狀態都是雙原子分子，熔點和沸點隨原子序的增大而增加。常態下，氟、氯是氣體、溴是液體，碘和砈是固體。除氟之外（恆為–1價），其他鹵素元素可以顯示多種價態，其含氧酸根中就呈現出多種正價態。

13. 惰氣是指元素週期表上的第18族元素。在常溫常壓下，都是無色無味的單原子分子存在，最外電子層的電子已達成八隅體狀態，所以性質非常穩定。惰氣還有「鈍氣」、「稀有氣體」、「貴重氣體」、「高貴氣體」等別稱。

學習上易犯錯的地方與注意事項

1. 門德列夫週期表是以原子量排列，現今週期表以原子序排列。

2. 一般以為原子序越大，電子數越多，故原子半徑越大。其實同週期元素，電子殼層數相同，反而因為核電荷數增加，對電子的引力增加造成原子半徑縮小。

3. 在週期表的背誦方面，一般認為只要背「直的」，其實「橫的」也需要多加背誦。國高中程度只要背誦原子序1～30即可。

4. 並非所有惰氣都以滿足「八隅體」原則，氦He最外圍電子數2個即滿足。也並非所有離子的電子組態都與鄰近的惰氣相同，如氫離子與B族元素。

5. 氫元素屬1A族，但非金屬，故不屬鹼金族。

6. 鹵素氟F元素的氧化數恆為-1，其他鹵素元素則不一定。

附 錄 量子論

附錄導讀

十九世紀末科學家遇到的最大難題之一，

深入研究後讓我們對原子結構有了更深的認識。

能量子是甚麼？科學家是如何發現的？

能量子與光子有什麼關係？光到底是波還是粒子？

電子是粒子那也有波動性質嗎？

電子繞原子核是如何運轉的？

這些驚人的發現在本章將會一探究竟。

學習概念圖

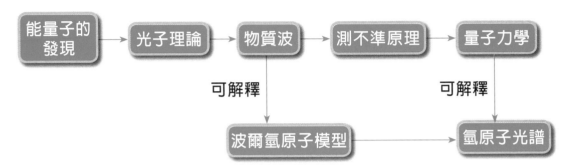

能量子的發現 → 光子理論 → 物質波 → 測不準原理 → 量子力學

物質波 --可解釋--> 波爾氫原子模型

量子力學 --可解釋--> 氫原子光譜

波爾氫原子模型 ——————→ 氫原子光譜

本書加＊號處為高中程度應理解之內容。

0 前言

　　自古至19世紀末，人類對物理學已經擁有相當的認識，甚至認為已經瞭解全宇宙所有的物理學原理，而那些未瞭解的部分只需要用古典的理論解釋，一定能夠有個圓滿的說法。當時一位非常有地位的科學家克爾文（Baron Kelvin）對當時的科學現況下了結論：「人類的知識已完備，日後科學家的工作僅是讓知識變得更精確。」但他意識到有兩件無法用現有的知識解決的問題。

　　1900年初，克爾文在皇家學會提出現今的物理學世界晴空萬里，唯獨兩朵烏雲：「乙太理論」和「黑體輻射理論」。克爾文堅信，這兩朵烏雲很快就能被古典物理學解釋，沒想到日後竟成為物理學的兩大革命——**相對論**與**量子力學**——其中量子力學對近代科學有著更深的影響。古典物理學大多研究日常生活中我們看得到、摸得到的現象，隨著人類對科學更進一步的認識，我們開始研究更細小的東西，而物質的組成更充滿神秘感。十九世紀初，道耳吞提出原子說，認為萬物皆由無法分割的原子所組成，並且由熱力學的觀念得知這些原子、分子並不是非常安分，而是正在作非常雜亂的運動，這些粒子運動過程中會釋放出電磁輻射，也就是我們俗稱的**熱輻射**。這個現象看似非常簡單，原以為可以輕易地從古典物理解釋，但經過許多科學家詳細計算後，想不到理論推算後結果和實驗結果完全不一樣！

1 黑體輻射

煉鐵工廠正在鍛造的鋼鐵溫度非常高，我們可以從這些高溫鋼鐵看到它發出的光，若是從常溫下逐漸增加溫度，當鋼鐵達到某個溫度時會漸漸冒出淡淡的紅光，如果再把溫度持續增加，則發出來的光顏色會逐漸的從紅色變成黃色，甚至變成白色，這就是我們所稱的**熱輻射**。其實物體只要有溫度，就會釋放出電磁輻射，所以在我們周遭所有的物體全部正在釋放電磁波，只不過常溫下的物體輻射出的電磁波頻譜落在紅外光我們的肉眼看不見罷了。

19世紀左右，許多科學家正在致力於這類的研究，當然這些科學研究都是從最理想的條件下進行，也就是黑體的熱輻射。什麼是黑體？如果一個物體可以把周遭的電磁波全部吸收，包含所有的可見光也被吸收進去，那麼我們看到這個物體的顏色就是完整的黑色，而一

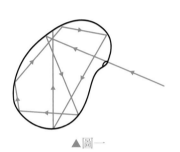

▲圖一

個完美的電磁波吸收體，從熱平衡的角度看來，它必定也是一個完美的電磁輻射體[註1]，那麼要去哪裡找到這樣完美的東西呢？聰明的科學家想到一個辦法，利用一個空腔上開的一個小洞，當光線進入這個小洞之後經由內部無數次的反射之後，終於幾乎全部被空腔給吸收掉了。（如上圖一）

經由分析空腔放出的電磁輻射，我們可以發現某個溫度T時黑體放出的電磁波是一個頻譜範圍，而每個波長對應的強度滿足以下分佈圖形。（如

（註1）黑體會吸收周遭的電磁輻射，但由於黑體本身也有溫度所以也會釋放電磁輻射，在這裡被黑體吸收的外來電磁輻射與本身釋放的電磁輻射是不同的。

圖二）

　　如果我們把黑體加熱，使黑體的溫度增加至T'（T' > T）時的分佈函數
也會跟著改變。（如圖三）

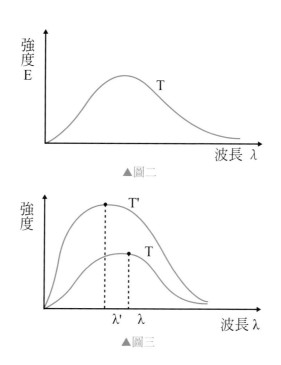

▲圖二

▲圖三

　　從上圖我們可以發現幾個有趣的現象：

　　較高溫T'的強度分佈，其峰值對應的波長λ'比低溫時對應到的λ還
短。這其實和我們日常生活的經驗相符，先前提過：常溫下的物體釋放的
電磁輻射屬於紅外光（波長較可見光長），若是把物體加熱至一定的溫度
時，物體會漸漸冒出可見的紅光，這就意味著**物體溫度增加時，輻射出的
電磁波波長也會逐漸跟著變小**。最後我們發現黑體輻射的絕對溫度與最大

輻射波長成反比關係，滿足下式：

$$\lambda_{max}T = 2.898 \times 10^{-3} m \cdot K$$

這個規律我們稱作**維恩位移定律**。

較高溫T'的強度分佈圖面積較低溫時T的總面積大，這也說明較高溫的黑體輻射出的總能量比低溫時的總能量大，科學家發現：黑體每單位面積輻射出的功率與絕對溫度的四次方成正比：

$$R_T = \sigma T^4 其中\sigma = 5.67 \times 10^{-8} W/m^2 \cdot K^{-4}$$

以上這些規則皆是由實驗觀察得來的結果，科學家們並不了解其中的原因，於是開始從古典電磁學與統計力學的角度探討其中的規律。所有物體皆是由原子（分子）所組成，並且固態分子是在固定的位置上不停的震盪，如果物體的溫度越高震盪的越劇烈。這些分子震盪時會產生電磁波[註2]，科學家從古典物理的角度統計出這些輻射的電磁波波長與強度的關係，並歸納出古典理論的強度分佈圖。（如圖四）

（註2）19世紀馬克士威統合了電磁學理論，發現震盪中的帶電質點會釋放電磁波的現象。

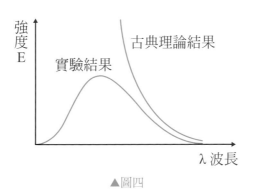

▲圖四

　　從古典理論的分佈圖可以發現，科學家從古典理論統計出的結果顯示在長波長時與實驗值吻合，但在短波長時古典理論與實驗結果差異越來越大，甚至在短波長古典分布呈現發散的現象，這個現象我們稱為**紫外崩潰**。其中問題到底出在哪兒呢？這並不是實驗誤差而是我們發現古典物理理論有瑕疵，無法完整解釋在原子分子這種微觀尺度時的問題。

▲黑體輻射強度類似燈泡

② 能量子的發現

　　普朗克為解釋古典理論的紫外崩潰現象，他提出了全新的概念，就是「能量的不連續性」。所謂「能量的不連續」是指所有能量皆是以**能量子**所組成，而能量子為能量的最小單元。普朗克說明所有的簡諧振子震盪的能量為能量子hf的整數倍，即：

$$E = nhf$$

（n = 1, 2, 3…普朗克常數h = 6.63×10^{-34}J · s　　f：震盪頻率）

　　為何要用簡諧振子能量解釋黑體輻射現象？因為黑體輻射的能量是質點因熱運動震盪而來，所以要從質點的震盪能量開始下手，比較能闡述理論的源頭。從古典的角度來看，這真的是個很奇妙的想法，之前科學家並沒有發現這點的原因，是因為一個能量子的能量真的太小了，小到無法察覺，就像一杯水是由非常多的水分子組成，我們也無法想像杯子裡的水是由很多細小的水分子組成。

▲普朗克

重要觀念建立 1
某物體被繫在一條輕彈簧上一端震盪，若震盪時總能量爲 2 焦
耳，且震盪頻率 5Hz。此震盪能量子的能量大小？
若整個振盪總能量是由許多能量子組成，則系統震盪有多少個
能量子？

解 析

一個能量子大小 = hf = $6.63 \times 10^{-34} \times 5 = 3.315 \times 10^{-33}$J

總能量一共2焦耳，且每一個能量子3.315×10^{-33}J

故能量子的數量 = $\dfrac{2J}{3.315 \times 10^{-33}J} \cong 6.03 \times 10^{32}$個

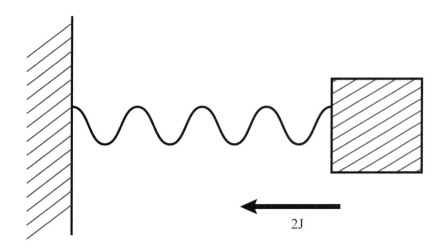

2J

　　由上個例子可以體會區區2焦耳的震盪竟是由這麼多個能量子構成的，也難怪以前都無法輕易地察覺出來，如果我們以一杯100c.c的水為例，這些水是由 $\frac{100}{18} \times (6 \times 10^{23}) = 3.3 \times 10^{24}$ 個水分子組成，光是這「一點點」數量級就無法讓我們察覺其不連續性，更何況是10的32次方個！！

　　雖然這麼小的能量子，讓整體能量看起來幾乎是連續性的，但終究連續和不連續仍然屬於不同的探討空間，其中所包含的數學觀念更是完全不同。就只是這個小小的差異，普朗克利用能量子的概念重新統整了黑體輻射能量的統計，重新計算以能量量子化條件的黑體輻射強度分布，真的就跟實驗幾乎完全吻合，從普朗克計算出的分布函數，可以證實能量量子化的確是正確的。不過普量子論中的普朗克常數，在普朗克有生之年並沒有被測量出來，這讓普朗克非常的難過，甚至在他臨終時將普朗克常數h =

刻在自己的墓碑上，不過h等號後面是空白的，他希望未來有人測量出來之後能把數字刻上去，結果沒多久愛因斯坦（Albert Einstein）在研究光電效應時測量出此常數。

課堂實境講解

3 光電效應

　　1887年赫茲發現當高頻率的光打到金屬表面時，電子會從金屬脫離，這種現象我們稱作光電效應。為了瞭解入射光頻率與強度和光電子能量與數量之間的關係，可以用下圖五的實驗裝置。

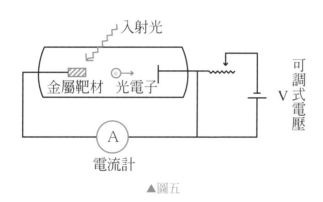

入射光

金屬靶材　　光電子

可調式電壓　V

Ⓐ

電流計

▲圖五

圖中裝置有幾樣重要的部分：

1. 金屬靶材：

　　光電效應實驗中可放上不同的金屬靶材，而不同種類金屬要使電子脫離的能量（功函數）也不同，所需的入射光能量也不一樣。

2. 光電子：

　　被光打出的電子我們稱為光電子，而不同強度與頻率的入射光打出的光電子數量與能量也會不一樣。

3. 電流計：

　　測量光電流大小。

4. 可調式直流電壓：

　　這個裝置是用來測量光電子被打出後的動能，由於電子帶負電，若

在電子運動方向前方接上負電則電子會減速，在光電效應實驗中如果把逆向電壓逐漸調大，當所有電子無法到達另一端形成封閉電流迴路的瞬間，電流計的上的指針會瞬間盪到零，此時的電壓大小我們稱作截止電壓V_s。當電壓達到截止電壓時電子的動能恰好不足無法克服這段電位能的障礙，從這個觀念我們就可以計算出此時光電子的最大動能，由力學能守恆的觀念可得知

$$E_{電子最大動能} = \Delta U = eV_s$$

利用以上的實驗裝置，科學家們開始分析光電子的能量與數量和入射光之間的關係，整理出以下結果，並發現一些問題。

(1) 入射光必須要有足夠的頻率才能打出光電子，這個頻率我們稱作**底限頻率**，如果入射光頻率未達底限頻率，則不論強度多大，都無法將光電子擊出。相反地如果入射光頻率足夠，即使強度很弱也能幾乎瞬間產生光電流，並且光頻率越高，擊出的光電子動能越大，也就需要更高的截止電壓使電子減速。（如圖六）

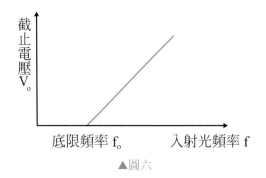

▲圖六

這個現象我們無法用古典物理的觀念解釋。從古典的角度看光電效應，是由於金屬靶材上的電子吸收入射光能量，當電子吸收了足夠能量就能克服功函數游離出金屬表面。所以從古典的觀念看來不論入射光頻率多少，增加入射光的強度也應該能夠使光電子被游離出來，並不會有底限頻率的存在。

(2) 已達底限頻率的入射光可使光電子擊出產生光電流，而入射光強度越大則光電流也會跟著越大，這就表示入射光強度與光電子數量的關係，強度越大的入射光每秒可產生越多的光電子，如果我們拿相同頻率的光以不同強度照射金屬表面，產生的光電流和外加電壓的關係如圖七所示：

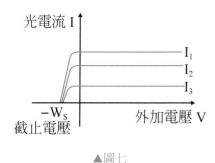

▲圖七

圖中說明如果外加的電壓順著電子運動的方向並不會影響光電流大小，而就算反接改為逆向電壓，電流也不會馬上歸零，這是因為電子有動能，還有足夠的速度克服這段電位能，而當電流歸零時的電壓為截止電壓。由於截止電壓只和頻率有關，我們用相同頻率的光照射金屬靶材時也會有相同的截止電壓，所以電流的大小只和入射光強度有關，與頻率一點關係都沒有。這個現象我們

也無法用古典理論解釋。

(3) 從古典電磁波理論如果我們利用足夠頻率但強度很弱的光照射金屬靶材，由於強度較弱理論上需要一些時間電子才能獲得足夠的能量而脫離金屬靶材，但實驗發現光電子的發射並沒有時間的延遲。

愛因斯坦對於這個問題有不同的看法，他認為電磁波可以用類似普朗克的能量子概念解釋，光的能量也是一顆一顆不連續的光子組成，而光電效應是由於一顆顆的光子撞擊到金屬靶材上的電子，若光子擁有足夠的能量，即能使電子克服功函數飛出金屬表面。關於這個論點，愛因斯坦把光當成是一顆一顆的粒子，並且光子擁有動能與動量，這完全顛覆早期人們對光的認知。

光子動能 $E = hf = \dfrac{hc}{\lambda} = \dfrac{12400}{\lambda\,(\text{埃})}\text{ eV}$，h為普朗克常數、f光子頻率

光子動量 $p = \dfrac{E}{c} = \dfrac{h}{\lambda}$

我們從這個全新的觀念出發，探討光電效應問題，如果電子是由入射光子擊出，則光電子獲得的最大動能即為光子動能hf減掉金屬靶材的功函數W，我們把這個概念寫成方程式：

$$E_{max} = hf - W$$

此為光電方程式，其中電子最大動能等於克服逆向電壓之位能障蔽 $E_{max} = eV_s$，因此光電方程式可以寫成

$$eV_s = hf - W$$
$$V_s = \frac{h}{e}f - \frac{W}{e}$$

如果我們從這個方程式畫出截止電壓V，與光子頻率f 的關係圖。（如圖八）

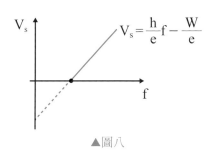

▲圖八

此與實驗結果完全吻合！在這裡我們除了理解光電效應之外，從光電方程式的圖形可以得到一個非常有價值的常數。有沒有發現方程式中圖形的斜率$\frac{h}{e}$中藏著普朗克常數？而這個斜率值非常容易測量出來，而普朗克常數h ＝ e×斜率 ＝ 6.63×10^{-34}J．s，普朗克應該可以瞑目了。

從光子理論可以成功的解釋光電效應所有的現象，由於光子動能只和頻率有關，並且頻率越高光子動能就越大，所以如果光子的動能不足則無法讓電子克服功函數而脫離金屬表面，這也就說明爲何有底限頻率的存在。頻率越高的光子擊出的光電子在克服功函數後的動能也就越大，也就需要更高的截止電壓才能夠把光電子煞車。至於爲何只有光的強度能影響電流大小？強度在光子理

論的觀點指的是光子數量，強度越強的光每秒發出來的光子數目越多，所以如果用越多的光子撞擊金屬靶材，若每顆光子能打出一個光電子，那麼每秒被打出來的光電子數量也就會越多，因此電流就比較大囉！

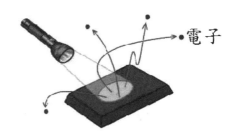

▲光電效應

　　光電效應對現代生活貢獻非常大，在能源需求極大的今天，太陽能發電就是個非常好的能源，而太陽能發電的原理就是光電效應的應用。最初的太陽能電池板是在玻璃片上塗上兩層薄薄的半導體塗層，一層為 N 型半導體，另一層為 P 型半導體，此兩片半導體層各自接上導線就形成了太陽能電池板。

課堂實境講解

重要觀念建立 2

一個 100 瓦特的燈泡,發射出 5000 埃的單色光。假設只有總電功率的 10% 變爲光能,則此燈泡每秒所發射的光子數目大約多少個?

解析

100瓦特 = 每秒放出100焦耳能量,

若只有10%的能量轉變為光能,

則每秒就有10焦耳的光子能量,

由於每個5000埃的光子能量等於 $E = \dfrac{hc}{\lambda} = \dfrac{6.63 \times 10^{-34} \times 3 \times 10^{8}}{5000 \times 10^{-10}}$

$$= 3.978 \times 10^{-19}J$$

每秒光子數等於 $\dfrac{10}{3.978 \times 10^{-19}} = 2.51 \times 10^{19}$個

重要觀念建立 3

以頻率 5×10^{14}Hz 之光照射功函數為 1.0eV 之表面時，所射出之光電子的最大動能約若干？

解 析

電子最大動能E_{max} = hf - W = $6.63 \times 10^{-34} \times 5 \times 10^{14} - 1 \times 1.6 \times 10^{-19}$
　　　　　　　　 = 1.715×10^{-19}J

小 補 充

　　夜視鏡（night vision device）的影像管（image intensifier tube），就是一種光電裝置，能夠將各種不同波長的微弱光波變換為可見的單色光波。在影像管裏，光子撞擊到鹼金屬薄膜或像砷化鎵一類的半導體物質，因光電效應，光電子就會被發射出來，這些光電子在靜電場被加速，然後撞擊到螢光屏，又產生光子。信號加強則是靠著電子加速、或使用其他裝置通過二次發射促使增加電子數量。

作者影片講解

康普頓效應（Compton effect）

　　愛因斯坦從光電效應發現光的粒子性質，除了光電效應以外其實還有一個更能證明光的粒子性實驗，就是康普頓效應。1923年康普頓（Arthur Holly Compton）在研究X射線照射物質時發現部分的散色光波長變得比較長，這個現象非常的神奇，感覺像是對著一面牆壁發射一個聲波，而反射回來的聲音頻率改變了一樣！（如圖九）

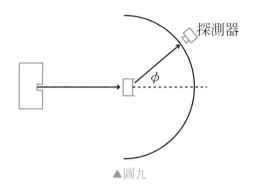

探測器

ϕ

▲圖九

　　上圖九的實驗表示一個X射線照射一個石磨晶體，而探測器可由不同的角度測量散射的X射線其強度與波長的分布。我們發現一個有趣的結果，若我們從不同的散射角 ϕ 量到的強度分布，除了 $\phi = 0$ 的強度與原入射X射線相同之外，當增加 ϕ 角時會出現兩個峰值，其中一個峰值與原本相同，而另一個峰值對應的波長比原本的還要長，而且當 ϕ 角越大，增加的波長 $\Delta\lambda$ 就越大。（如圖十）

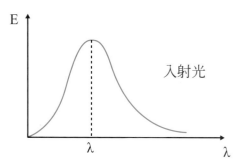

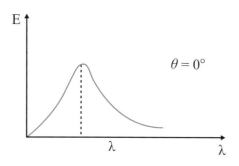

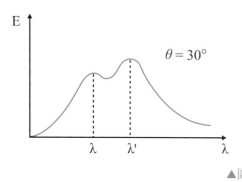

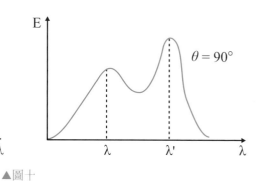

▲圖十

　　其中的Δλ 我們稱爲康普頓位移波長，究竟這個波長差是怎麼來的呢？先前我們提過的光子論，如果我們把光當成是粒子，而這些粒子和石磨上的電子做碰撞，當電子被撞開時會帶走部分光子的動能與動量，光子的能量變小了波長也就跟著變長囉！接者康普頓利用光子理論加上狹義相對論的觀念，再由碰撞過程動量守恆計算出在不同的散射角光子的波長會如何改變，結果得到以下的結果：

$$\Delta\lambda = \lambda' - \lambda = \frac{h}{mc}(1 - \cos\phi)$$

其中h為普朗克常數、m為電子質量、c是真空中光速。

　　那麼剛剛的實驗結果中出現兩個峰值，其中一個峰值與原來入射光一樣，為什麼會有這個峰值的存在？由於光子撞擊的不只是電子，也有可能會撞擊到原子核，原子核質量非常大是光子撞不開的，因此碰撞過程幾乎是個彈性碰撞光子的能量並無損失，所以也就會出現這個與原入射光相同波長的峰值。

▲康普頓

康普頓效應課堂講解

⟨5⟩ 物質波

　　早期人們認為光是電磁波，最後經由康普頓效應與光電效應證實光確實有粒子性質，那麼一般我們所認為的粒子有沒有波動性質呢？德布羅伊（L. V. de Broglie）對此產生質疑。當時德布羅伊還很年輕，是一個博士研究生，而他的博士論文就是在研究關於物質波的論點，由於這個論點太過於創新，幾乎所有人都對德布羅伊的論文產生質疑，於是德布羅伊就把自己的論文寄給了當時最有名望的物理學家愛因斯坦。不過當時愛因斯坦非常的忙碌，正致力於其他方面的研究，原本實在抽不出時間研讀德布羅伊的論文，不過在某次機緣下，愛因斯坦終於拿起了德布羅伊的物質波理論瀏覽了一下，感受到這實在是個非常了不起的發現，德布羅伊從此聲名大噪，他也因此順利的拿到夢寐以求的博士學位，也因為他的這篇論文獲得了諾貝爾物理學獎的殊榮。

　　德布羅伊的物質波理論出發點其實非常的簡單，我們從光子理論可以得知波長的光子動量滿足 $p = \dfrac{h}{\lambda}$，那麼如果運動中的質點動量p，是否也滿足物質波波長 $\lambda = \dfrac{h}{p}$ 呢？假如物質有波動性質，那必須也會有干涉和繞射的現象。的確我們真的利用實驗發現電子的繞射，把一束電子打進晶格的確能使電子的物質波產生繞射條紋，這個實驗也證實了物質波理論是正確的。至於物質波是甚麼樣子的波動？難道粒子會向電磁波一樣不停的震盪嗎？其實並不是的。物質波真正的意義在於粒子出現的機率。

▲圖十一

　　上圖十一表示電子束透過兩個狹縫撞擊到遠處屏幕上的分布圖，由圖中可以發現電子好像特別偏好某些位置，而有些地方電子出現的次數卻非常少。這樣的波動分布正是物質波的意義，物質波並不像平常我們所見的波動，有東西震盪把能量傳遞出去，物質波是粒子出現的位置呈現機率分佈，而物質波波峰的位置表示粒子出現的機率大；波谷的位置表示粒子出現的機率小。

課堂實境講解

6 氫原子光譜

　　當我們把自然光通過氫氣時，某些波長的光線會被氫氣吸收掉，這些譜線我們稱作**吸收光譜**。十九世紀末許多科學家致力於這方面的研究，但始終無法了解其中的原因。巴耳麥發現氫原子光譜在可見光範圍內的波長規律，他在放電管中發現四條明亮的光譜線，而這些譜線的波長分別是6562.79Å、B4862.327Å、B4340.47Å、M4104.74Å。巴耳麥利用經驗法則歸納出一個簡單的數學公式

$$\lambda = 3645.98\,\frac{n^2}{n^2-4},\ n = 3, 4, 5, 6$$

　　其中n = 3, 4, 5, 6分別代表上述四個光譜線。其實這個式子可以更簡單的方式表示

$$\frac{1}{\lambda} = R\left(\frac{1}{2^2} - \frac{1}{n^2}\right),\ n = 3, 4, 5, 6$$

　　不過這終究是個經驗公式，巴耳麥並不曉得這個式子其中的意義。

　　早期人們就累積了很多有關原子光譜的大量數據，其中包含許多元素的光譜，而氫氣光譜是最簡單最單純的，其他各個元素的光譜線都是非常複雜的，舉例來說鐵原子在可見光區域就有六千多條不同波長的光譜線，因此要在這麼複雜的現象中理出一個頭緒是非常不容易的事情。

　　自從湯木生發現電子以來，人們對原子模型一直感到非常有興趣。由於原子是由帶負電的電子與其他帶正電的物質共存才能使得整個原子呈現電中性，早期有人甚至提出葡萄乾布丁模型來解釋原子的結構

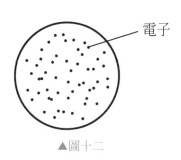

電子

▲圖十二

　　原子就像一個布丁一樣上面鑲著葡萄乾，整個布丁帶著均勻的正電而電子，就像葡萄乾一樣均勻的分布在整個布丁上，因此，一整個原子能夠保持電中性原因，是電子所帶的負電與布丁帶的正電一樣多。

　　直到拉塞福做了α粒子散射實驗，證實原子是有原子核的存在，並且整個原子的質量幾乎是集中在原子核之中。於是拉塞福提出了原子行星模型，原子是由帶負電的電子和帶正電的原子核組成，並且電子靠著原子核的引力繞著原子核做圓周運動，就像太陽系中的行星一樣，各個行星靠著太陽的萬有引力繞著太陽運動。

　　不過這個理論很快就被推翻，十九世紀馬克士威（James Clerk Maxwell）發現電磁波的存在，發現加速中的帶電粒子就會產生出電磁波，而能量會隨著電磁輻射放出去。在拉塞福的原子模型指出電子是繞著原子核作圓周運動，圓周運動並不是**等速度運動**，需要有向心加速度才能維

持，而做圓周運動的物體是帶著負電的電子，在做圓周運動的過程中運動的加速度就會使它釋放出電磁波，這個電磁波會使得電子運動的能量越來越小，終究墜落至原子核中。那麼原子究竟是以甚麼構造構成的呢？其實拉塞福的原子模型已經很接近原子的真實面貌了。

波爾於1913年提出氫原子的穩定態說法，關於當時他提出的假說如下：

由於氫原子光譜是不連續的，因此原子的能量（電子運動能量）也是處於不連續的狀態，在這些穩定態電子是處於穩定的，雖然繞核運行但並不會輻射出電磁波。並且這些穩定狀態的電子運動之角動量滿足量子化條件：

$$L = \frac{h}{2\pi}n, \, n = 1, 2, 3\cdots$$

即運動的角動量為 $\frac{h}{2\pi}$ 的整數倍，其中n稱為主量子數。

電子在不同穩定態時能穩定地運動，但若電子從不同的穩定態躍遷時必須吸收或放出相同能量的光子。假設電子從第n態躍遷至更高的第m態，則需吸收的光子能量等同於第n態與第m態的能量差，即$E_m - E_n = hf$，f為光子頻率，h則是普朗克常數。

波爾的假設可以解釋不連續光譜的存在，但若要更具體地了解頻率和波長分布就必須要更深入地計算出能階大小。以氫原子來說，氫原子只是一個電子繞著質子做圓周運動，而其中圓周運動所需的向心力是由電子與質子的庫侖靜電力提供的，由古典牛頓力學的F = ma可得到。

$$\frac{kQq}{r^2} = m\frac{v^2}{r}$$

$$\frac{kZe^2}{r^2} = m\frac{v^2}{r}，其中Z爲原子序（質子數）$$

$$kZe^2 = mrv^2，兩邊同乘mr$$

$$kZe^2mr = (mrv)^2 = L^2 = \frac{h^2}{4\pi^2}n^2$$

$$r = \frac{h^2}{4\pi^2mke^2}\frac{n^2}{Z}, n = 1, 2, 3\cdots 軌道半徑量子化$$

　　從以上的觀點可知繞氫原子的電子之軌道半徑並不是隨便一個軌道都可以的，而是要滿足量子化的，從上式中可以發現所有的軌道半徑爲最低半徑的n^2倍，並且在不同的軌道上所需的能量也不同。

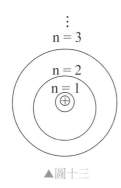

▲圖十三

而電子運動的總能量 = 動能 + 位能，其中動能 $E_k = \frac{1}{2}mv^2$，同樣由牛頓第二定律

$$\frac{kQq}{r^2} = m\frac{v^2}{r}$$

$$\frac{kZe^2}{r^2} = m\frac{v^2}{r}$$

$$\frac{kZe^2}{2r} = \frac{1}{2}mv^2$$

$$E_k = \frac{kZe^2}{2r}$$

由於位能 $U = -\dfrac{kZe^2}{r}$ 則 $U = -2E_k$，總力學能等於

$$E = E_k + U = E_k - 2E_k = -E_k$$

$$= -\frac{kZe^2}{2r}$$

$$= -\frac{kZe^2}{2\dfrac{h^2}{4\pi^2mke^2}\dfrac{n^2}{Z}}$$

$$= -\frac{2\pi^2mk^2e^4}{h^2}\frac{Z^2}{n^2}$$

而前面複雜的部分經過詳細的計算可簡化為

$$E_n = -13.6\frac{Z^2}{n^2}(eV)$$

此為氫原子於各能階的能量大小。

　　從波爾的穩定態假設說明電子躍遷時需吸收或放出等能量的光子，且光子能量需剛好等於兩狀態時的能量差，若考慮從n態躍遷至m態所需的光子波長，此波長會滿足：

$$\frac{12400}{\lambda} = -13.6Z^2\left(\frac{1}{m^2} - \frac{1}{n^2}\right), Z = 1 \text{（氫原子）}$$

$$\frac{1}{\lambda} = \frac{13.6}{12400}\left(\frac{1}{n^2} - \frac{1}{m^2}\right)$$

$$\frac{1}{\lambda} = R\left(\frac{1}{n^2} - \frac{1}{m^2}\right)$$

　　這個結果與巴耳麥當時提出的經驗公式吻合，而巴耳麥公式中的m等於2，是因爲巴耳麥當時研究的光譜線是可見光範圍，而若主量子數由n = 2躍遷至其他高能階所需吸收的光剛好就是可見光。波爾成功的解釋氫原子光譜問題，開啓了量子理論一個很重要的大門。

　　在研究氫原子光譜時科學家們先後找到不同系列的光譜，分別有來曼系列、巴耳麥系列、帕森系列……等光譜。這些光譜系列代表著氫原子從高能階躍遷至不同的低能階放出的光譜，如圖十四所示。

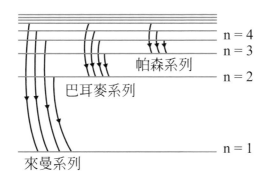

▲圖十四

　　從氫原子光譜的量子理論可以輕易地看出，其實來曼系列個光譜是氫原子由高能階掉到n = 1的光譜；巴耳麥系列光譜是由高能階掉到n = 2的光

譜；而帕森系列則是由高能階掉到n = 3的光譜。

　　波爾的理論對於原子結構有非常重要的貢獻，主要是因為整個原子的化學性質主要是來自於原子的外交大使：電子。所以電子的位置和運動的性質對於化學的研究是非常重要的，不過波爾的理論充其量只能說是個半古典半近代的理論，這個理論並不能解釋更深入的光譜現象，如能階分裂、超精細結構…等現象，這些現象必須由更深的量子力學才有辦法解釋。從波爾的理論可以發現一個很神奇的現象，如果電子擁有波動性質（物質波），那麼電子在繞原子核運動時可以視為一種波的運動。我們發現當電子繞著氫原子核運轉時它的公轉圓周長剛好等於物質波波長的整數倍，即

$$2\pi r = \lambda \mathrm{n}$$

從這個式子可以發現它運動的角動量剛好是 $\dfrac{\mathrm{h}}{2\pi}$ 的整數倍

$$2\pi \mathrm{r} = \dfrac{\mathrm{h}}{\mathrm{p}} \mathrm{n}$$

$$\mathrm{rp} = \dfrac{\mathrm{h}}{2\pi} \mathrm{n}$$

$$\mathrm{L} = \dfrac{\mathrm{h}}{2\pi} \mathrm{n}$$

此為波爾的穩定態假設。

重要觀念建立 4
如氫原子從 n = 4 躍遷至 n = 2，會放出多少波長的光？

解析

$$E = 13.6 \left(\frac{1}{2^2} - \frac{1}{4^2} \right) = \frac{12400}{\lambda}$$

λ = 4862.74埃

重要觀念建立 5
氫原子（H）的電子從 n = 3 的定態躍遷至 n = 2 的定態時，所放出光子的能量為 E，則一氦離子（He$^+$）的電子從 n = 3 的定態躍遷至 n = 2 的定態時，所放出光子的能量約為若干？

解析

類氫離子的能階：$En = -13.6 \times \dfrac{Z^2}{n^2} \propto Z^2$

相同能階差放出光子的能量$\Delta E \propto Z^2$
$\Delta E : \Delta E_H = 2^2 : 1^2 = 4 : 1$
因此He會放出4E的能量。

有了量子理論的基礎，我們發現能量量子化的現象、光的粒子性質和物質波的理論，海森堡（Werner Heisenberg）從物質波理論發現神奇的測不準原理（Uncertainty Principle）。測不準原理是由於物質波的機率原則，所有的粒子出現的位置都呈現一種機率分佈，因此我們無法準確地判斷粒子的位置，而這些粒子出現的位置又呈現一種波動的性質。薛丁格（Erwin Schrödinger）由這個波動觀念推導出著名的薛丁格方程式（Schrödinger equation），而原子外層電子運動的機率分布可以用薛丁格方程式算出來，這個方程式開啓了人類認識微小粒子的大門，不論是物理學或是化學研究都扮演非常重要的角色。

$$i\hbar\frac{\partial}{\partial t}\Psi = \hat{H}\Psi$$

薛丁格方程式

本章學習重點

1. 科學家從研究黑體輻射發現能量的最小單元，稱為能量子。

2. 光照射金屬表面時會從表面釋出電子，如此簡單的現象竟無法用古典物理解釋，而發現光的粒子性質，光的粒子我們稱為光子。

3. 光照射晶格散射後出現波長較原本還要長的散射光線，這個現象用光子理論可以圓滿的解釋，而更加證實光子理論的正確性。

4. 光有粒子性質，那麼粒子有沒有波動性質呢？科學家從電子的繞射證實了粒子的波動性質，這個理論我們稱為物質波。

5. 當連續的光譜照射氫原子時有某些特定波長被氫原子吸收掉了，而這些氫原子也會放出相同波長的光譜線。

學習上易犯錯的地方與注意事項

1. 能量子的意義並不是真的一顆一顆粒子組成，能量子指的是組成能量的最小單元。

2. 光子粒子性質與一般粒子的不同，光子只能用光速前進並且不具有質量。

3. 光子能量只和頻率有關，而光的強度越強代表光子的數量越多。

4. 物質波與電磁波不同，電磁波是電場和磁場震盪傳遞能量的波，而物質波表示的是粒子出現的機率，兩者雖然各具有波動性質，但實際上意義卻不太相同。

5. 原子能階躍遷的方式大多來自吸收光子或電子碰撞，若原子由低能階吸收光子躍遷至高能階必須吸收相等能量的光子，光子能量太多也不行；若由電子碰撞則只需足夠能量就能使原子躍遷，過多能量的電子碰撞後電子本身還會保留剩餘能量。

編後語　真的是陳大爲老師親自上課嗎？
真的嗎？這是真的嗎？！

　　近來有許多聲名卓著的大型補習班首度找我敲課，讓我備感榮幸。他們自去年十一月起，就陸續地找我要求我上課，而這些補習班若風評良好且具有前瞻性，在時間允許的情況下，經過評估，都會盡我所能將課排進去。

　　這些補習班有幾個共同點：大型、口碑卓著、學生程度好、需要最優秀的好老師，他們所尋找老師的條件，考量的是這位老師的能力與口碑等知名度、以及是否有強大的教學團隊爲後盾。有的是補習班的主管剛好與我是舊識，於是從中牽線引薦我；而其他補習班的班主任或大老闆，甚至打電話到我的各教學點找我、寫電子郵件給我，希望取得我的連絡方式。如此禮遇對待我，就是希望我能爲他們的補習班排課，而爲了報答這份知遇，真性情的我將來也一定會全力爲這家補習班奉獻全部的心力。

　　就在最近，台北車站附近的一家知名大型補習班的班主任與我聯絡上，熱烈邀請我向我敲課。第一次接觸是在電話中，感動於她真誠的邀約，所以當時是初步同意排課，但細節保留容後再討論，沒想到就在隔天該補習班對家長與學生的說明會中，這位班主任逕自當場宣達下個學年度有陳大爲老師親自進駐授課的消息。後來據班主任告訴我，她在宣布了這個消息之後，引起全場騷動，其中還有一位著名私校校排名列前茅的學生，跑過去以相當興奮的語氣問她：「真的是陳大爲老師親自上課嗎？真的嗎？這是真的嗎？！」

　　這位班主任在事後告訴我這件事情，讓我好感動。儘管過去已有無數

編後語

201

位學生對我上課內容的表示讚揚與肯定，而這位未曾謀面的學生對我的殷切期待，還是令我內心澎湃不已。我在教學上的成就感之一，就是學生向我表達學習上的渴望，故即便如此，距離開課的七月還有那麼長的一段時間，我卻感覺到等不及，躍躍欲試想登台為他們上課了。

　　儘管學生對我的熱烈期待、儘管補習班對我的真誠禮遇，在此我還是要向大家表示我發自內心最誠摯的感謝。現在各位讀者讀了我這本書，對我而言更是一種知遇！謝謝大家對我的支持、也謝謝大家願意與我一起努力，有機會的話，我們課堂上見！

國家圖書館出版品預行編目資料

行動化學館.1:物質的基本組成/陳大為、
　陳大量著.--二版.--臺北市:五南圖書
　出版股份有限公司,2022.05
　　面；　公分
　ISBN 978-626-317-752-9（平裝）

1.CST: 化學　2.CST: 中等教育

524.36　　　　　　　　　111004527

ZC33

行動化學館1：物質的基本組成

作　　　者 ─ 陳大為(271.8)、陳大量

發 行 人 ─ 楊榮川

總 經 理 ─ 楊士清

總 編 輯 ─ 楊秀麗

副總編輯 ─ 王正華

責任編輯 ─ 金明芬

封面設計 ─ 姚孝慈

出 版 者 ─ 五南圖書出版股份有限公司

地　　　址：106台北市大安區和平東路二段339號4樓

電　　　話：(02)2705-5066　　傳　　　真：(02)2706-6100

網　　　址：http://www.wunan.com.tw

劃撥帳號：01068953

戶　　　名：五南圖書出版股份有限公司

法律顧問　林勝安律師事務所　林勝安律師

出版日期　2016年5月初版一刷
　　　　　2022年5月二版一刷

定　　　價　新臺幣300元